ADAC

Andalusien

Costa del Sol Costa de la Luz

Strände · Städte · Museen · Bars und Cafés
Naturparks · Ausblicke · Hotels · Restaurants

von Marion Golder und Elke Homburg

Intro

Unterwegs

Huelva und der Nordwesten – Region am Rande 104

Cádiz und der Südwesten – wo Mittelmeer und Atlantik sich treffen 112

Gibraltar – britischer Fels in der Brandung 124

Andalusien Kaleidoskop

Unterwegs

Bildschöner Tropentraum – Port Antonio bezaubert mit reicher Vegetation und türkisfarbenem Meer

Montego Bay und der Nordwesten – von Bilderbuchstränden und Plantagenpalästen

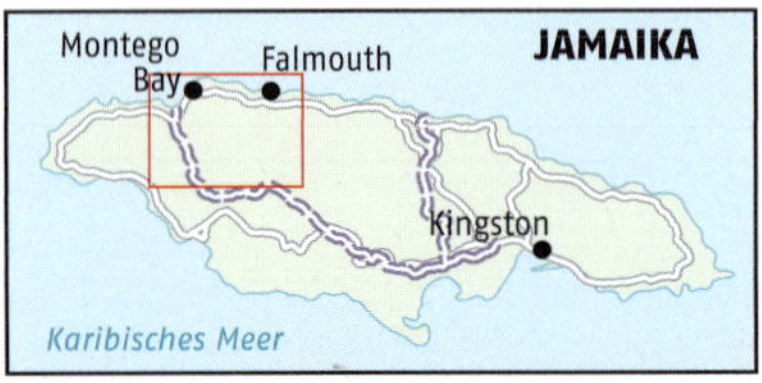

Das Juwel unter den Touristenzentren Jamaikas und zugleich seine zweitgrößte Stadt ist **Montego Bay**, kurz MoBay genannt. Die dazugehörige, weit geschwungene Bucht im Nordwesten der Insel säumen goldene Sandstrände und einige der *exklusivsten Hotels* der Karibik. Doch auch preisgünstigere Herbergen gibt es, vor allem im quirligen Stadtzentrum. Die Zeit vertreiben sich die Besucher auf traumhaften Golfplätzen, beim Reiten, Hochseefischen, Tauchen, Tennis und Segeln. Abends, wenn die heißgeliebte Sonne im Meer versunken ist, erwacht die *Gloucester Avenue*, der ›Hip Strip‹ des Seebades, zu neuem Leben, während Reggae Music aus Bars und Discos ertönt.

Das von tropengrünen Hügeln gerahmte *Umland* von Montego Bay gehörte während der britischen Kolonialzeit zu den wichtigsten Anbaugebieten für Zuckerrohr. Einige der schönsten **Great Houses** genannten Herrenhäuser sind erhalten, das bekannteste unter ihnen ist *Rose Hall*. Plantagen wie Barnett Estate und Good Hope Plantation werden heute zum Teil noch bewirtschaftet und können besichtigt werden. Unweit von **Falmouth** mit seiner georgianischen Architektur lädt der Fluss *Martha Brae* zu einer Bambusfloßfahrt ein. Etwas weiter südlich liegt die wilde, geheimnisvolle Karstlandschaft des **Cockpit Country**. Hier, in Dörfern wie *Accompong*, leben Nachfahren der Maroons, die einst als geflohene Sklaven den Engländern jahrzehntelang Widerstand leisteten.

1 Montego Bay

Wo jamaikanisches Leben brodelt und charmante Hotels ihre Gäste verwöhnen.

Von ihrer halbmondförmigen Bucht aus zieht sich die durch moderne Bauten geprägte Stadt Montego Bay bis hinauf in die üppig begrünten Hügel. Zwei Herzstücke bestimmen das Ambiente, die vom Alltagsleben geprägte *Downtown* im Süden und die vielgestaltige *Hotelzone*, die sich nach Norden zunächst an den Stadtstränden ausbreitet, belebt durch Bars, Restaurants und Geschäfte, sich aber auch am Flughafen vorbei entlang der Nordküste kilometerweit fortsetzt.

Von der Schmalzbucht zum Ferienparadies

Christoph Kolumbus, der auf seiner zweiten Reise 1494 Jamaika entdeckte, nannte die Bucht *Golfo de Buen Tiempo*, Bucht des guten Wetters. Später züchteten hier spanische Siedler Schweine, deren Speckseiten und Schmalz (span. manteca) sie Schiffen auf Europakurs als Proviant verkauften. Erstmals 1655 ist am umgetauften *Golfo de Manteca* ein Ort bezeugt. Nach der Eroberung durch die Briten im selben Jahr wurde daraus Manteca Bay und schließlich Montego Bay, aus dem Handel mit Schweinespeck im 18. Jh. das lukrative Geschäft mit *Zucker*. Das Hinterland des geschäftigen **Hafens** gehörte zu den großen Zuckerschüsseln Jamaikas. Und auch heute noch verarbeiten Zuckerfabriken und *Rumdestillen* die süße Ernte zu begehrten Produkten. Aus der Blütezeit sind in der Stadt selbst nur noch wenige historische Gebäude erhalten geblieben.

In der zweiten Hälfte des 19. Jh. trat der *Bananenexport* die Nachfolge des süßen Goldes an. Ende der 1880er-Jahre kamen dann die ersten Briten und Amerikaner an die Bay. Angezogen wurden sie von

Montego Bay gibt sich ganz in Pastell und die Passanten wirken wie Akteure auf einem Filmset

den viel gepriesenen Heilkräften des Quellwassers am heutigen *Doctor's Cave Beach*, wo Dr. Alexander G. McCatty ein *Sanatorium* eingerichtet hatte. Bald darauf öffnete das erste Hotel, das Casa Blanca, seine Pforten. Deutlich gefördert wurde die Entwicklung durch den Bau des Flughafens im Zweiten Weltkrieg. In den 1960er-Jahren schließlich trieb MoBays Karriere als **Touristenhochburg** Jamaikas auch durch die Eröffnung des neuen Montego Bay Freeport mit Cruise Ship Terminal immer größere Blüten. Die anderen, bedeutend jüngeren Touristenzentren der Insel haben der großen Dame ihren Rang bislang nicht streitig machen können, und so tummelt sich heute ein Großteil der über 2 Mio. Besucher, die jährlich nach Jamaika kommen, an den Stränden der eindrucksvollen Bucht.

Downtown – von Helden und Hexen, Kunst und Körben

Montego Bay, die nach der Hauptstadt Kingston zweitgrößte Metropole (110 000, im Großraum etwa 200 000 Einw.) und Zentrum des *St. James Parish*, wird häufig schlicht als ›Second City‹ bezeichnet. Fast alle Ferienjets aus Nordamerika und Europa landen auf dem **Sangster International Airport** im Norden, nicht viel mehr als einen Kokosnusswurf entfernt von einigen der schönsten Strände der Insel. Nun ist Montego Bay aber nicht nur das *Complete Resort*, die totale Urlaubsmetropole, mit 40 % aller Gästezimmer auf Jamaika, sondern ebenfalls eine geschäftige Stadt, deren in den Hügeln gelegene Ghettos im krassen Gegensatz zur feinen Kulisse des Seebads stehen.

Das Herz der Downtown schlägt an dem mit einem Springbrunnen geschmückten **Sam Sharpe Square** 1, benannt nach dem Sklaven und Baptistenprediger *Sam ›Daddy‹ Sharpe*, den die Briten als Initiator der ›Christmas Rebellion‹ (1831) zusammen mit zahlreichen anderen Aufständischen im Jahr 1832 an diesem Platz aufhängten. Sharpe gilt heute als einer der Nationalhelden Jamaikas. Das mehrfigurige Bronzedenkmal **The Sharpe Monument** (1984) des jamaikanischen Bildhauers Kay Sullivan zeigt ihn neben *Paul Bogle*, einem Anführer schwarzer Kleinbauern, der nach Unruhen in Morant Bay 1865 exekutiert wurde. Ein kleines, 1806 aus Ziegelsteinen errichtetes Gebäude im Nordwesten des Platzes trägt den Namen **The Cage** 2. In der Arrestzelle wurden von den Plantagen fortgelaufene Sklaven festgehalten, bis sie von ihren Besitzern abgeholt wurden. Die Glocke des ›Käfigs‹ läutete jeden Sonntag um 14 Uhr, um Sklaven mit Freigang an den Beginn der Ausgangssperre (15 Uhr) zu erinnern. Das 1968 abgebrannte *Court-*

house südlich des Cage wurde 1999–2001 rekonstruiert und beheimatet das **Montego Bay Civic Centre** ❸ (Tel. 876-971-9417, Di–Do 9.30–16.30, Fr 9.30–15.30, Sa 10.30–14.30 Uhr) mit Theater, Kunstgalerie und dem *Museum of St. James*.

An der Ecke von Union Street und Orange Street fällt das **Georgian House** ❹ aus dem 18. Jh. ins Auge, das heute auch als Restaurant fungiert. Durch die Orange Street gelangt man zur Church Street mit dem **Town House** ❺ (1765). Die rotbraunen Ziegelsteine für die ansehnliche Stadtvilla des reichen Kaufmanns David Morgan kamen aus England. Sie dienten auf den Zuckerschiffen als Ballast. Das Gebäude diente später als Pfarrhaus, dann als Refugium für die Mätresse des Earl von Hereford, als Freimaurerloge und als Synagoge.

Gleich gegenüber erhebt sich die **St. James Parish Church** ❻. Sie wurde 1775–82 erbaut, doch 1957 durch ein Erdbeben stark beschädigt und in den Folgejahren wiederhergestellt. Die *Austattung*, das geschnitzte Kirchengestühl und Geländer, ein farbiges Glasfenster mit Kreuzigungsszene sowie einige Erinne-

Kettenreaktion – das Denkmal für Sam Sharpe und Paul Bogle und das Gefängnis The Cage

rungsplaketten und Skulpturen, vermittelt eine Vorstellung vom Reichtum der alten Zuckerbarone. Ein Marmorstandbild (18. Jh.) des englischen Bildhauers John Bacon stellt *Rosa Palmer*, die erste Frau von John Palmer aus Rose Hall, dar. Ihr Leben bildete, allerdings stark verfälscht, den Anknüpfungspunkt für die Geschichten um eine spätere Hausherrin, Annie Palmer [s. S. 29 f.].

Nahe der Abzweigung von der Church Street zur Water Lane fällt die **Police Station** 7 mit ihrem großzügigen Pfeilerportikus ins Auge. Weiter östlich, Ecke Dome und Creek Street, steht der **Creek Dome** 8 (1836), ein sechseckiger Turm, der als Brunnenhaus für die Trinkwasserquelle der Stadt erbaut wurde.

Nun geht es zum westlichen Ende der Church Street: Das in den 1930er-Jahren im Art-déco-Stil errichtete **Strand Theatre** 9 dient heute zuweilen als Veranstaltungsort. Weiter südlich breitet sich am *Howard Cooke Boulevard* der **Craft Market** 10 (tgl. 8–19 Uhr) aus, ein Magnet für Souvenirjäger. Die rund 200 kleinen Shops bieten Geschnitztes, Geflochtenes und Bemaltes in vielen Formen an.

Eine der wichtigsten Institutionen im Nachtleben MoBays, **Pier One** 11, erhebt sich südwestlich auf einem Steg in der Bay. Rund um die hübsche Holzvilla mit *Restaurant* [s. S. 28] wird im Rahmen von Live Events oder Party Nights zu Reggae Music gefeiert und getanzt. Vom Pier starten aber auch Bootstouren wie die beliebten *Sunset Cruises* [s. S. 26].

Neben der Church Street mit einigen pittoresken Gebäuden ist die vom Sam Sharpe Square nach Süden verlaufende **St. James Street** 12 mit ihren vielfältigen Einkaufsmöglichkeiten einen Erkundungsgang wert. Sie geht in die südöstlich verlaufende **Barnett Street** 13 über. Ein unbeschreibliches Gewimmel auf den Gehwegen mit Geschäften und Werkstätten aller Art sowie der dichte Verkehr geben einen wahrhaft authentischen Eindruck vom jamaikanischen Leben jenseits der Hotelresorts.

Rasta auf Raten? – Auf dem Craft Market ist Kredit kein Thema bei den Preisverhandlungen um eine Holzmaske

Entlang der *Railway Lane*, die südlich der Barnett Street verläuft, erstreckt sich der quirlige **Fustic Market** ⑭, auf dem Farmer der Umgebung frisch geerntete Produkte wie Yam, Breadfruit, Ackee, Süßkartoffeln, Kochbananen, Kokosnüsse und tropische Früchte, aber auch Ziegen oder Hühner anbieten. Am Mittwoch und Samstag ist das Gedränge rund um die Stände am größten.

Reggae-Revier und Freihafen

Wer auf dem Howard Cooke Boulevard nach Süden fährt, überquert bald auf einer unscheinbaren Brücke den Montego River und passiert dann das ausgedehnte Areal des **Catherine Hall Entertainment Centre** ⑮. In einen Schauplatz ausgelassener Lebensfreude verwandelt sich das Veranstaltungsgelände jedes Jahr Mitte Juli zum mehrtägigen TOP TIPP **Reggae Sumfest** (Tel. 876-953-2933, www.reggaesumfest.com). Bei dem größten Reggae-Festival der Welt tanzen hier Tausende von Jamaikanern und Besuchern aus aller Welt bis zum frühen Morgen zu den Rhythmen der besten Bands, den flotten Weisen der angesagtesten DJs und Sänger. Mit Spannung erwartet wird die *Dancehall Night* am Donnerstag, wenn sich die coolen Superstars und Shooting Stars des 21. Jh. ihre musikalischen Gefechte liefern. Die beiden *International Nights* (Fr/Sa) sind etwas für ruhigere Gemüter, sie sind den etablierten Reggae Acts und den Größen

Wha ah gwaan, mi yute? – Jamaikaner parlieren Patois

»Jamaica oman cunny, sah!
Is how dem jinnal so?
Look how long dem liberated
An de man dem never know!«

Das Gedicht ›Jamaica Oman‹ von *Louise Bennet-Coverley* (Miss Lou, 1919–2006) über die starken und schlauen jamaikanischen Frauen, die schon so lange emanzipiert sind, ohne dass die Männer es gemerkt hätten, ist in **Patois** geschrieben. Die einstige Geheimsprache der Sklaven ist eine Mischung aus englischen Dialekten mit Vokabeln aus der Taino-Sprache, aus dem Spanischen und einigen afrikanischen Sprachen. Dieses jamaikanischen Creole ermöglichte es den Leibeigenen, sich hinter dem Rücken der Aufseher und Plantagenbesitzer zu verständigen. Kein Wunder also, dass dieses Idiom von den besseren Kreisen in Jamaika lange als primitiv geächtet wurde. Mit umso mehr Fabulierfreude, Witz und Erfindungsreichtum wurde und wird Patois, zu dem auch die ideologisch geprägten Wortschöpfungen der **Rastafari** gehören, von Mann und Frau auf der Straße gesprochen und beinah täglich durch neue Wortkreationen bereichert. Etwa seit den 1970er-Jahren, mitgetragen von der internationalen Erfolgswelle der **Reggae Music**, wurde Patois zusehends gesellschaftsfähig, und nicht nur Miss Lou, sondern viele andere Autoren der Insel begannen nun in Patois zu schreiben. Sogar die Wissenschaft hat sich mit dem ›Dictionary of Jamaican English‹ der Sprache angenommen.

Charakteristika sind neben ausgeprägtem Sprachrhythmus und singender Sprachmelodie z. B.: Verwendung von **(h)im** als Personalpronom für ›er‹ und ›sie‹, stummes ›h‹ am Wortanfang, Bsp.: **(h)ave**, bzw. Hinzufügung des ›h‹ wie in **hold** statt old, sowie Verdrehung oder Austausch von Buchstaben, z. B.: **flim** statt film, **aks** statt ask, **likkle** statt little, **dem** statt them.

babylon	Polizei, Obrigkeit
bless(ed love)	Begrüßung
brinks	alles, was Geld bringt
dread, natty	Rastaman
flex	ausgehen
gangalee	Kämpfer, Rebell
galiss	Frauenheld
I an' I, I-man	ich, wir
irie	gut, cool
ital	natürlich, rein
mi yute	mein Freund
nyam	essen
Jamdung, Jamrock	Jamaika
pickney	Kind, Kinder
pree	nachdenken
seen (!?)	o.k., klar (!?)
tek weh yuself (!)	sich distanzieren, hau ab (!)
unnu	ihr
wha ah gwaan?/ wha'pen?	was ist los?, Begrüßung

Reggae Sumfest – die Musikbegeisterung der Jamaikaner macht auch vor Zäunen nicht halt

der nordamerikanischen HipHop- und R & B-Szene gewidmet.

Im nahen Viertel Catherine Hall gibt es statt lauter Musik lauter Farben. Hier zeigt die **Gallery of West Indian Art** 16 (11 Fairfield Rd., Tel. 876-952-4547, www.galleryofwestindianart.com, Mo–Mi, Fr 9–17, Do 9–14, Sa 10–15 Uhr) Malerei und Kunsthandwerk aus Jamaika, Kuba und Haiti.

Noch weiter im Süden liegt der Freihafen **Montego Bay Freeport** 17. Auf der ihn rahmenden grünen Seawinds Peninsula befinden sich das Kreuzfahrtterminal, das Montego Freeport Shopping Centre, der Montego Bay Yacht Club und zwei Hotelkomplexe.

Gloucester und Kent Avenue: Bade- und Partyspaß am Hip Strip

Nördlich der Downtown erstreckt sich die Strand- und Hotelzone von Montego Bay. Am beliebten Strandbad des **Walter Fletcher Beach** 18 mit Restaurant und vielfältigen Wassersport-Angeboten finden manchmal mitreißende Strandparties und Live Events statt. Auf der anderen Seite der Gloucester Avenue grüßen auf der Anhöhe einige Kanonen als Reste des **Fort Montego** 19 herüber. Sie bilden die

Walter Fletcher Beach – kunterbunte Plantsch- und Schwimmparty in Montego Bay

Kulisse für einen *Craft Market*. Gerahmt von Restaurants, Bars und Hotels folgen die Gloucester Avenue und ihre Fortsetzung *Kent Avenue* weiter dem Meeressaum, während sich der *Queen's Drive* weiter oben durch die Hügelkulisse windet, geschmückt mit einigen idyllischen Hotelanlagen. Als nächste ›Badeanstalt‹ erreicht man **Doctor's Cave Beach** 20 (Tel. 876-952-2566, tagsüber). Er ist einer der bekanntesten und beliebtesten Strände Jamaikas, ein breiter, wenn auch relativ kurzer Sandstreifen mit Restaurant, Bar und Shops. Ende des 19. Jh. begründete der Arzt Dr. Alexander G. McCatty hier ein Sanatorium. Die heilenden Kräfte des von mineralhaltigen *Quellen* gespeisten Meerwassers, geschickt propagiert, brachten bald die ersten Kurgäste aus England und den USA an die Küste der Karibikinsel. Der **Beach Club** verleiht Strandliegen und Sonnenschirme sowie Schnorchelausrüstungen. Als besondere Attraktion bietet der Strand **Sea Trek** (Tel. 876-322-6365, www.sunshinevillasja.com, Do–Di 8–17 Uhr), eine Unterwassertour, bei der man, ausgestattet mit einem High-Tech-Tauchhelm und begleitet von Führer und Tauchern, in etwa 6 m Tiefe über den Meeresgrund spaziert und die Fische der Korallengärten bewundert.

TOP TIPP

Unmittelbar nördlich schließt sich der attraktive, etwa 90 m breite **Cornwall Beach** 21 (Tel. 876-979-0102, www.cornwallbeachja.com, tgl. 8–18 Uhr) an. An der benachbarten **St. James Plaza** 22 mit ihren Souvenirläden befindet sich auch das örtliche Informationsbüro des Jamaica Tourist Board (JTB).

Seit 1974 stehen das ausgedehnte Korallenriff vor der Küste sowie die Mangroven und Seegrasfelder der Montego Bay unter Naturschutz. Um den schädigenden Umwelteinflüssen noch effektiver begegnen zu können, entschloss man sich 1992, das 16 km^2 große Meeresareal zwischen dem Flughafen im Norden und dem Great River im Süden als **Montego Bay Marine Park** 23 (Büro, Shop und Bücherei: Pier One, Howard Cooke Blvd., Tel. 876-952-5619, www.mbmp.org) zum Natio-

Die herrlichen Sonnenstrände von MoBay:
Oben: *Cornwall Beach – ein karibisches Idyll unter Bäumen*
Links unten: *Doctor's Cave Beach – vom Thermalbad zur schicken Sonnenoase*

nalpark zu erklären. Das Gebiet wird von Rangern bewacht, nur an einigen Stellen sind Fischen und Wassersport erlaubt, grundsätzlich verboten ist das Sammeln von Muscheln und Korallen. Inzwischen gibt es positive Anzeichen dafür, dass die sensiblen Korallengärten sich erholen.

Während beim Cornwall Beach der Sunset Boulevard in Richtung Flughafen abzweigt, führt die Kent Avenue weiter am Meer entlang bis zum schmalen **Dead End Beach** 24, einem besonders bei Jamaikanern beliebten Strand, der fast bis an die Landebahn des Flughafens heranreicht. Hier trifft man sich bei jamaikanischer Küche und Musik auch gerne am Abend.

Ausflüge

Den bereits erwähnten Fustic Market von MoBay beliefern heute die Kleinbauern der Region, Großgrundbesitzer jedoch wie die der **Barnett Estate** (4 km südöstlich von Montego Bay) haben andere, internationale Vertriebswege. Oberst Nicolas Jarrett jagte 1655 mit der britischen Flotte den Spaniern Jamaika ab. Bald darauf erhielt er Besitzrechte über weite Teile des Nordwestens der Insel, und hier ist die Kerr-Jarrett Familie noch heute ansässig. Eine Besichtigung der mehr als 1200 ha großen *Plantage* (auch als Ausritt) und des mit Antiquitäten ausgestatteten **Bellefield Great House** (Granville Main Rd., Tel. 876-952-23 82, www.bellefieldgreathouse.com, Führungen mit Voranmeldung Mo–Do 10–15 Uhr, Dauer 2–3 Std.) aus dem 18. Jh. vermittelt ein lebendiges Bild der Vergangenheit. Das in einer alten Zuckermühle etablierte *Restaurant* lockt mit karibischen Köstlichkeiten. Vom Anwesen hat man außerdem einen schönen Blick auf Montego Bay.

Einige Kilometer südwestlich liegt *Reading*. Es ist ein gediegener Villenvorort von MoBay und zudem ein Firmensitz der Desnoes & Geddes Factory, der Brauerei des beliebten Red Stripe Beer. Von hier führt die B8 in Richtung Anchovy zur **Rockland Bird Sanctuary & Feeding Station** (Tel. 876-952-20 09, tgl. 9–17.30, Fütterung tgl. 14.30–17 Uhr), einem wahren Vogelparadies in den bewaldeten Hügeln. Das Schutzgebiet wurde 1958 von der Ornithologin Lisa Salmon eingerichtet. *Kolibris*, darunter der **Doctor Bird** genannte Nationalvogel Jamaikas mit seinem roten Schnabel, dem grün-schwar-

Doktor zugeflogen – im Rockland Bird Sanctuary wird gerade ein Kolibri namens Doctor Bird mit Zuckerwasser gefüttert

zen Federkleid und den blau-schwarzen langen Schwanzfedern, außerdem Waldspechte, winzige graue Tauben und sogar Eulen kommen in den Fütterungszeiten aus der Umgebung herbeigeflogen und lassen sich auf der Terrasse nieder. Die Kolibris nippen Zuckerwasser aus kleinen Flaschen, die ihnen von Mitarbeitern der Station oder von Besuchern hingehalten werden.

Über eine Abzweigung geht es weiter nach *Lethe*. An der Grenze der Parishes St. James und Hanover fließt der Great River nach Norden zur Montego Bay. Die Bananenplantage **Lethe Estate** liegt nahe des Dorfes inmitten einer grünen Hügellandschaft. Hier kann man Wanderungen durch die Wälder und über die Felder unternehmen oder per *Zipline* (Jamaica Zipline Adventure Tours, Tel. 876-366-0124, www.ziplinejamaica.com, Büro tgl. 9–16 Uhr; Touren telefonisch oder online buchen) durch die Baumwipfel gleiten. Etwas gemütlicher ist die Wasserreise per Kajak oder großem Gummireifen durch das grüne Tal des **Great River** (Jamaica River Tubing Safari, Chukka Caribbean Adventure Tours, s.u.).

Am Flussufer liegt auch die **Animal Farm** (Tel. 876-899-0040, tgl. 10–17 Uhr) von Lethe. Der Öko-Zoo gewährt Einblicke in die exotische Vogelwelt, ferner gibt es Streichelzoo und Schmetterlingshaus. Zur Stärkung offeriert man Tee aus dem hauseigenen Kräutergarten.

Praktische Hinweise

Information

JTB, Montego Bay Convention Centre, Rose Hall, St. James, Tel. 876-952-4425, www.visitjamaica.com. Infostellen auch am Flughafen, am Craft Market etc.

Flughafen

Sangster International Airport, Montego Bay, Tel. 876-952-3124, www.mbjairport.com

Bus

Bus Terminal, St. James St./Barnett St. Mehrmals tgl. Verbindungen per Minibus nach Negril, Ocho Rios, Port Antonio, Kingston usw.

Taxi

JUTA Tours, Tel. 876-952-0813, http://jutatoursltd.com

Lizensierte Taxis stehen auch vor den Hotels bereit. Den Fahrpreis sollte man vor Abfahrt klären. Preiswerte *Sammeltaxis* verkehren in der Stadt auf verschiedenen Routen.

Wassersport und Touren

Jamaica Cruise Adventures (Karandas Tours Ltd.), Doctor's Cave Beach, Montego Bay, Tel. 876-775-8724, www.excursionsinjamaica.com. Beim Katamaran-Abenteuer gibt es Musik und Cocktails an Bord, außerdem einen Stopp zum Schnorcheln (Ausrüstung inkl., Mo–Sa 10–13 und 15–18 Uhr).

Resort Divers, Runaway Bay, St. Ann, Tel. 876-881-5760, www.resortdivers.com. PADI Tauchkurse und Tauchexkursionen, auch von diversen Hotels.

Chukka Caribbean Adventure Tours, Freeport Shopping Centre, Montego Bay, Tel. 877-424-8552, http://chukka.com. Kajak Touren, River Tubing mit Gummireifen auf dem Great River, Jeep oder ATV-Bike Safaris, Zipline Canopy Tours (am Seilzug durch die Wipfel des Regenwaldes), Plantagen-Exkursionen und Reitausflüge.

Croydon Plantation Tour, Catadupa, Montego Bay, Tel. 876-979-8267, www.croydonplantation.com. Touren durch Ananas- und Kaffeeplantage, inkl. Transfer ab/nach Montego Bay (Di, Do/Fr).

Einkaufen

El Paso Records & Fashion, 3 South Ln., Montego Bay. Riesiges Musikangebot.

Hotels

TOP TIPP *****Round Hill Hotel & Villas, John Pringle Dr., Hopewell, Hanover, 13 km südwestlich von MoBay, Tel. 876-956-70 50, www.roundhilljamaica.com. Elegant-legere Luxusherberge an der Küste, die auch Hollywood-Prominenz zu ihren Stammgästen zählt.

*****Tryall Golf, Tennis & Beach Club, Sandy Bay, 20 km südwestlich von Montego Bay, Tel. 876-956-56 60, www.tryallclub.com. Golferparadies direkt am Meer, Resortanlage um ein historisches Plantagenhaus.

****Sunset Beach Resort, Spa & Waterpark, Freeport Peninsula, Tel. 877-734-34 86, www.sunsetbeachresort.com. Gepflegte All-Inclusive-Anlage mit zwei Hoteltürmen, im lässig tropischen Design, mit diversen Restaurants, Bars und Pools.

***Doctor's Cave Beach Hotel, Gloucester Ave., Montego Bay, Tel. 876-952-43 55, www.doctorscave.com. Angenehmes Haus (90 Zi.) mit Pool, Restaurant und guter Bar unweit des gleichnamigen Strandes.

***El Greco, 11 Queens Dr., Montego Bay, Tel. 876-940-61 16, www.elgrecojamaica.com. Komfortable Zimmer mit kleiner Küchenzeile und Balkon.

***Richmond Hill Inn, Union St., Montego Bay, Tel. 876-952-38 59, www.richmond-hill-inn.com. Von dem einstigen Plantagenhaus (17 Zi.) mit Terrassenrestaurant genießt man herrliche Ausblicke auf MoBay. Shuttle Service zum Strand.

***Royal Decameron Montego Beach Resort, 2 Gloucester Ave., Montego Bay, Tel. 876-952-43 40, www.decameron.com. Ordentliche Zimmer und gute Atmosphäre nicht weit vom Strand.

*Ridgeway Guest House, Queens Dr., Montego Bay, Tel. 876-952-27 09, www.ridgewayguesthouse.com. Einfache und saubere Herberge in fußläufiger Entfernung zum Strand.

Restaurants

Day O Plantation Restaurant, Lot 1, Fairfield, Granville, 5 km westlich von MoBay, Tel. 876-952-18 25, http://dayorestaurant.com. Das Restaurant mit Garten in Hügellage bietet köstliche jamaikanische und internationale Küche (Di–So 18–23 Uhr).

Juici Patties, 36 St James St., Montego Bay, Tel. 876-979-37 33. Beliebter Imbiss mit gut gewürzten gefüllten Teigtaschen, Hähnchen, Rind, Shrimps oder vegetarisch zum kleinen Preis.

Marguerites, Gloucester Ave., Montego Bay, Tel. 876-952-47 77, www.margaritavillecaribbean.com. Das viel gepriesene Fischrestaurant offeriert die fein zubereiteten Meeresfrüchte direkt am Wasser.

Pier One, Howard Cooke Blvd., Montego Bay, Tel. 876-952-24 52, www.pierone

Mit Schwung zum Erfolg – schlagkräftiger Sportler auf dem Golfplatz des Tryall Club

jamaica.com. Das Terrassenrestaurant serviert Genüsse wie gegrillten Red Snapper oder Hummer mit Zitronensauce. Star unter den nächtlichen Events ist die Tanzparty am Freitag.

Pork Pit, 27 Gloucester Ave., Montego Bay, Tel. 876-940-30 08. Lebhafter Treffpunkt für alle Fans des Jerk Food, günstig und nicht weit vom Walter Fletcher Beach. Scharfes vom Grill, aber auch gebackene Yam-Wurzeln, Fisch und dazu ein Red Stripe Bier genießen auch die Einheimischen gern (tgl 11–23 Uhr).

Scotchie's, Coral Gardens, an der A1, Ironshore, Tel. 876-953-80 41. Ausgezeichnetes Jerk Centre unter freiem Himmel. Die Holzkohle glüht ab 14 Uhr bis zum späten Abend – oft mit Musik und illustren Gästen. Zum gut gewürzten Fleisch gibt es hausgemachte Brote, lecker das aus *Cassava*, Bohnen- oder Hühnersuppe.

The Houseboat Grill, Southern Cross Blvd., Montego Freeport, Montego Bay, Tel. 876-979-88 45, http://thehouseboatgrill.com. Das hübsche Hausboot-Restaurant bietet karibische Spezialitäten wie frischen Hummer, eine Bar auf dem Oberdeck und herrliche Ausblicke.

The Pelican, Gloucester Ave., Montego Bay, Tel. 876-952-3171, www.pelicangrillja.com. Schmackhafte jamaikanische Gerichte. Es gibt z. B. Red Snapper, Curried Goat, Rice and Peas und Johnny Cakes.

Nachtleben

Blue Beat, Gloucester Ave., Montego Bay, Tel. 876-952-4777, www.margaritavillecaribbean.com. Livemusik von Blues bis Jazz in blauem Ambiente mit Blick aufs Meer, dazu jede Menge Martinis und andere Cocktails sowie gute Speisen.

TOP TIPP **Margaritaville**, Gloucester Ave., Montego Bay, Tel. 876-952-4777, www.margaritavillecaribbean.com. Coole Gerichte, coole Drinks, coole Menschen, eine 30 m lange Rutsche ins Meer, Badefreuden, Wassersport und nachts heiße Disco (z.B. Ladies Night) mit bemerkenswert buntgemischtem Publikum.

The Brewery, Shop 4, Miranda Ridge, Gloucester Ave, Montego Bay, Tel. 876-940-24 33. Bar und Jerk-Pit mit überdachter Veranda. Abends Reggae Disco, Karaoke oder Livemusik.

2 Seaford Town

Ein Dorf mit ›exotischen‹ Bewohnern.

Auf den ersten Blick ähnelt Seaford Town, über die B8 und B6 von MoBay aus zu erreichen, einem typisch jamaikanischen Dorf. Doch dann fallen einige Häuser auf, die mit ihren verzierten Giebeln an eine andere Welt erinnern. Von den 600 Einwohnern, die hier leben, hat ein Drittel eine helle Hautfarbe. Sie heißen Schröder,

Nightspot am Hip Strip von MoBay – die supercoole Disco Margaritaville

Im 19. Jh. kamen Siedler von der Weser nach Seaford Town. Selbst die Dorfkirche erinnert ein wenig an die alte Heimat

Kleinhans oder Sommer. Und das alles liegt an Seaford Towns ungewöhnlicher Geschichte.

Nachdem das britische Parlament 1834 mit einer Übergangszeit von vier Jahren das Ende der Sklaverei beschlossen hatte, bemühten sich Plantagenbesitzer wie **Lord Seaford**, Vertragsarbeiter zu verpflichten, die das Funktionieren der riesigen Zuckerrohrplantagen garantieren sollten. Auch 1200 **deutsche Auswanderer** aus dem Wesergebiet trafen um 1838 auf Jamaika ein. Etwa 350 von ihnen siedelten um *Montpelier Mountains*, auf Lord Seafords Land. Schlechter Boden, fehlende landwirtschaftliche Kenntnisse und tropische Krankheiten machten den Deutschen anfangs schwer zu schaffen. Ihre Geschichte dokumentiert eine von der katholischen Kirche betreute Ausstellung im kleinen **Seaford Historical Museum** (im Ort nach Mrs. Shakes fragen, die den Schlüssel zum Museum verwaltet). Obwohl die Deutschen von Seaford Town im Laufe der Zeit die Lebensgewohnheiten ihrer Nachbarn annahmen, Sprache und Kultur der Heimat vergaßen, heirateten sie fast ausschließlich untereinander, und deshalb existiert hier bis heute eine Gruppe weißer Einwohner.

3 Rose Hall Great House

TOP TIPP *Ein imposantes Herrenhaus voller gruseliger Hexengeschichten.*

Das um 1770 im Stil britischer Landsitze errichtete Rose Hall Great House (Tel. 876-953-23 23, https://rosehall.com, Führungen tgl. 9.15–17.15, Abendführungen tgl. 18.30–21.15 Uhr) 15 km östlich von Montego Bay ist ohne Zweifel das berühmteste Plantagenhaus Jamaikas. Das dreigeschossige kantige Gebäude mit vorspringendem Mittelbau ist geschmückt mit einer doppelläufigen *Freitreppe*, die zur Beletage hinaufführt, um dort auf die großzügige Terrasse und in das triumphbogenartig gerahmte *Hauptportal* zu münden. John Palmer ließ das Great House auf einem Hügel nicht weit vom Meer errichten und benannte es nach seiner Frau Rose. Der Blick des Betrachters schweift von hier über die Küstenlandschaft und das Karibische Meer. Einige *Kanonen* erinnern daran, dass die exponierte Lage nicht nur wegen der landschaftlichen Reize gewählt wurde, sondern auch, um Piraten- oder andere feindliche Schiffe frühzeitig ausmachen und verscheuchen zu können.

Das Haus war ab 1845 mehr als 100 Jahre unbewohnt und verfiel. Schließlich wurde es aufwendig restauriert und verrät noch heute viel von einstiger Prachtentfaltung. Die *Seidentapeten* des Ballsaals sind im französischen Stil zu Zeiten

Mordserie im Herrenhaus – Rose Hall soll einst Schauplatz von Greueltaten gewesen sein

Ludwig XVI. gestaltet, kostbare *Antiquitäten*, darunter Chippendale-Stühle, ein aus Mahagoni gefertigtes Bett und ein aus dem gleichen tropischen Holz geschnitztes Treppenhaus stammen von anderen eleganten Landsitzen der Insel.

Die reale Geschichte der Plantage verblasst völlig angesichts der Gruselllegende **›The White Witch of Rose Hall‹** (Die weiße Hexe von Rose Hall), die zu Beginn des 19. Jh. drei Ehemänner sowie zahlreiche Liebhaber vom Leben zum Tode befördert haben soll. Die sterblichen Überreste der *Annie Palmer* (deren Vita mit der von Rose Palmer verquickt wurde) sollen in einem durch ein weißes Kreuz markierten Grab im Garten bestattet worden sein, nachdem ihr letzter Favorit sie nach einer Liebesnacht im Bett erdrosselt hatte. Während der *Führung* durch die Repräsentationsräume und Schlafzimmer erfährt man alles über die sadistische und von bösen Dämonen besessene Lady, deren Spukgestalt noch immer durch Gänge und Treppenhäuser geistern soll. Im Erdgeschoss bieten dann ein Pub und ein Shop mit Kunsthandwerk wieder Anknüpfungspunkte an die

Candle Light Dinner vor klassizistischer Kulisse – Terrasse des Half Moon Club in Rose Hall

Realität. Für Abenteuerlustige empfiehlt sich im Grünen die *Jamaica Zipline Canopy Tour*, als panoramareiches Naturerlebnis lockt die *Jamaica Dune Buggy Adventure Tour* (beide: Chukka Caribbean Adventure Tours, http://chukka.com, s. S. 26).

Das auf einem küstennahen Hügel 5 km weiter östlich gelegene **Greenwood Great House** (Tel. 876-953-1077, www.greenwoodgreathouse.com, tgl. 9–18 Uhr) kann nicht mit Schauermärchen, dafür aber mit einer schönen Aussicht aufwarten. Die zweigeschossige Anlage mit großem Ballsaal wurde um 1760 erbaut und ist noch heute bewohnt. In der Halle findet man *Porträts* von Mitgliedern der Familie Barrett, denen früher neben riesigen Ländereien auch dieses Herrenhaus gehörte. Die Sammlung historischer Bücher, die ältesten stammen vom Ende des 17. Jh., von seltenen Musikinstrumenten, Wedgewood-Porzellan und diversen Gerätschaften einer Plantage machen Greenwood zu einem anschaulichen Museum jener Zeit, als König Zucker die Insel regierte. Eiserne Fußfesseln und eine Menschenfalle für geflohene Sklaven erinnern an die düsteren Seiten dieser Epoche.

i Praktische Hinweise

Shopping

The Shoppes at Rose Hall, North Coast Highway, Rose Hall, Tel. 876-953-3245. Shopping-Komplex in hübscher karibischer Architektur direkt an der A1 mit etwa 30 Geschäften, dem Café Blue und dem Restaurant Habibi Latino (So geschl.).

Wassersport

Captain's Watersports and Dive Centre, Half Moon Resort & Spa, Rose Hall, Tel. 876-953-2211. Zum Angebot gehören Tauchtrips, Schnorchelausflüge usw.

Hotels

*******Half Moon Resort & Spa**, Rose Hall, Tel. 876-953-2211, http://halfmoon.rockresorts.com. Luxusanlage (419 Zi., Suiten und Villen) mit zwei schönen Stränden, Erholungsoase Fern Tree Spa, riesigem Sportangebot, Tennisplätzen, Reitzentrum und Golfakademie. In der Dolphin Lagoon kann man sogar mit Delfinen schwimmen.

*******Hilton Rose Hall Resort & Spa,** Rose Hall Rd., Tel. 876-953-2650, www.hilton.com. All-Inclusive-Anlage, Bar mit Meeresblick, Disco ›Cricket Club‹, fünf Restaurants sowie Spa, Golf, Tennis und umfangreiches Wassersportprogramm.

******Coyaba Jamaica Resort**, Mahoe Bay, Little River, Tel. 876-953-9150, www.coyabaresortjamaica.com. Elegantes, entspanntes Haus (50 Zi.) am Strand.

*****Emerald View Resort Villa**, 261, Poinciana Drive, Montego Bay, Tel. 876-465-2054, http://emeraldview.net. Elegante weiße Villa (17 Zi.) auf einem Hügel, 12 Minuten Fußweg zum Strand.

Restaurant

Sugar Mill, Rose Hall, Montego Bay, Tel. 888-830-5974, http://halfmoon.rockresorts.com. Feines Terrassenrestaurant mit köstlichen Krustentieren, guter Weinkarte. Unbedingt reservieren!

Gediegene britisch-karibische Wohnkultur – das 1760 errichtete Greenwood Great House

Hohe Hallen für das Hohe Gericht – das attraktive Courthouse von Falmouth

4 Falmouth

Zuckerhafen mit pittoresker Altstadt und neuem Kreuzfahrtterminal.

Auf der A1 geht die Fahrt weiter in Richtung Osten. In Coopers Pen führt eine Abzweigung zum Themenpark **Outameni Experience** (Tel. 876-954-4035, www.outameni.com, Führungen tgl. 10–15 Uhr alle 30 Min., Sa–Di nur Gruppen mit Reservierung). Hier wird auf unterhaltsame Weise die Geschichte Jamaikas von den Taino über die spanische und britische Kolonialzeit bis heute vergegenwärtigt, in Form einer Zeitreise durch museale Kulissen, belebt von historisch gewandeten Akteuren, Musik und Tanz.

Die Blüte des 1790 als Hauptstadt des *Trelawny Parish* gegründeten **Falmouth** liegt weit mehr als 150 Jahre zurück. Von seinem **Hafen** aus wurde im 19. Jh. die Ernte der über 80 Zuckerrohrplantagen der Region verschifft. Auf dem *Sklavenmarkt* der Stadt kauften die Pflanzer den menschlichen Nachschub für die harte Feldarbeit. Der Niedergang von Falmouth setzte mit dem Rückgang der Zuckerindustrie und der Ankunft moderner Dampfschiffe ein, die ab Mitte des 19. Jh. die Segler ersetzten, im flachen Hafenbecken aber nicht ankern konnten. Ab etwa 1890 übernahm Montego Bay die Rolle als Handelshafen.

Aus dem Dornröschenschlaf geweckt wurde Falmouth durch das vor einigen Jahren eröffnete **Historic Falmouth Cruise Terminal**, an dem 2013 Kreuzfahrtschiffe mit rund 500 000 Passagieren anlegten. Bekannt ist die Stadt aber bislang vor allem für ihren riesigen **Markt** (Mi) und das auf Jamaika einmalige Ensemble von Bauten aus der georgianischen Epoche (18./19. Jh.) mit säulengeschmückten Portiken und schmiedeeisernen Balkonen, von denen einige immer noch auf ihre Restaurierung warten.

Die **Duke Street** führt von Westen schnurgerade vorbei an der 1796 errichteten **Parish Church of St. Peter** mit ihrer attraktiven Ausstattung und dem Kirchturm mit der herrlichen Aussicht ins Herz der Stadt zum **Water Square**. Sein Name erinnert daran, dass hier einst eine vom Martha Brae River gespeiste *Zisterne* die Wasserversorgung sicherte. Falmouth verfügte als die erste Stadt Jamaikas seit dem frühen 19. Jh. über fließendes Wasser. Am **Albert and George Market** (1894) vorbei gelangt man geradeaus zur *Seabord Street* mit dem eindrucksvollsten Bauwerk der Stadt. Das Gerichtsgebäude **Courthouse** (1926) ist ein Nachbau des Originals von 1817 mit kolossaler säulengeschmückter Tempelvorhalle im Greek Revival Style. Weiter südöstlich an der *Upper Harbour* und *Tharp Street* fällt das konische, *The Dome* genannte Dach der Schmiede **Phoenix Foundry** sofort ins Auge, die als eine der ersten Industriebetriebe Jamaikas 1810 gegründet wurde. Aktuelle archäologische Ausgrabungen fördern Artefakte aus Jamaikas Geschichte zu Tage.

In der Nähe des Water Square verläuft als zweite große Straßenachse die **Market Street** in nord-südlicher Richtung. Sie wird gesäumt von weiteren georgianischen Gebäuden und diente übrigens als Kulisse für den Film ›Papillon‹ von 1974 mit Steve McQueen und Dustin Hoffmann. Zu den vor einigen Jahren restaurierten Häusern gehören **The Baptist Manse** (Ecke Trelawny St.) von 1798, in dem einst der englische Baptistenprediger William Knibb lebte, und das gegenüberliegende **Moulton Barrett Townhouse**. Die damals hier ansässige Familie Barrett hatte großen Einfluss auf die Entwicklung von Falmouth seit dem Jahr 1790. Auch in der Paralellstraße Lower Harbour Street (Nr. 3, 4) hat man zwischenzeitlich zwei historische Wohnhäuser wiederhergestellt.

In der **Knibb Memorial Baptist Church** (1844, erneuert 1948) an der westlichen Parallelstraße King Street (Ecke George St.) wurden zum Gedenken an die Aufhebung der Sklaverei am 3. Juli 1838 eiserne Handfesseln, eine Halskrause sowie eine Peitsche als Symbole der Unterdrückung beigesetzt, wie ein *Relief* im Inneren erzählt. William Knibb, der sich unermüdlich und trotz großer Anfeindungen für die Abschaffung der Sklaverei eingesetzt hatte, liegt ebenfalls hier begraben.

Östlich der Stadt, in Greenfield, steht das **Trelawny Greenfield Stadium** (25 000 Plätze), in dem Cricket gespielt wird, aber auch Konzerte und andere Events stattfinden.

Ausflug

Durch idyllisches Farmland fährt man gen Süden zum bewirtschafteten Landsitz: **Good Hope Plantation,** der Mitte des 18. Jh. von einem der reichsten Männer Jamaikas, *John Tharp*, angelegt wurde. Von der Terrasse des dreiflügeligen **Great House** in Hügellage blickt man über das schöne Queen of Spains Valley bis zu den Hügeln des Cockpit Country. Im Inneren durchschreitet man mit Antiquitäten eingerichtete Salons, Speisesaal und vier Schlafzimmer. Im verträumten Garten mit Pool schließlich wartet das frühere *Counting House* des Verwalters, in dem sich verliebte Paare gern das offizielle Ja-Wort geben.

Slavery Days – das Echo der Erinnerung

Einer der eindringlichsten Songs des Reggae-Sängers **Burning Spear** beginnt mit der herzergreifenden, beschwörend wiederholten Frage: »Do you remember the days of slavery?« Wie suggestiv ist dieser Ruf – und als Antwort, wie ein Echo, taucht die Erinnerung daran auf, was einmal war. Die Tage der **Sklaverei** auf Jamaika endeten 1838, und doch spüren die Ururenkel jener Afrikaner, die auf einem der britischen Sklavenschiffe hierher gebracht wurden, wie Burning Spear singt, manchmal noch heute die Fußfesseln der Feldarbeiter. Sie spüren sie, weil die Folgen der Sklaverei noch gegenwärtig sind. Wer die Ghettos von Montego Bay und Kingston auch nur von Weitem sieht, wer auf der Besichtigungsfahrt zu einem prächtigen Great House die winzigen Hütten gewahrt, in denen heute noch ganze Familien leben, wer erfährt, was die Hotelangestellten als Monatslohn empfangen, kann diese bittere Erinnerung verstehen.

Der britische **Dreieckshandel** (Afrika–Karibik–England) des 16.–19. Jh. begründete auf Jamaika die Blütezeit des Zuckerhandels, den Reichtum der Plantagenbesitzer und trug zu dem des Empires bei. An der Westküste Afrikas beluden die Sklavenhändler ihre Schiffe mit **Kriegsgefangenen**, die sie Häuptlingen verfeindeter Stämme für minderwertige Güter abgekauft hatten. Nach 6- bis 12-wöchiger Überfahrt – unter unvorstellbaren, menschenunwürdigen Bedingungen waren die Sklaven in den Bäuchen der Schiffe zusammengepfercht – landete man in Kingston. Wer die Qualen überlebt hatte, wurde auf der nächsten **Auktion** versteigert. Das leichteste Los hatten jene, die als Haussklaven arbeiten durften. Die Feldsklaven hingegen wurden übel geschunden und arbeiteten sich innerhalb weniger Jahre zu Tode. Durch härteste **Disziplinarmaßnahmen** versuchte man, die zahlenmäßige Übermacht der Unterdrückten in Schach zu halten. Ihre Religionen und Sprachen wurden verboten, Paar- und Familienbande zerstört bzw. deren Entstehung unterbunden.

Wenig verwunderlich also, dass die Geschichte der Sklaven auf Jamaika geprägt war von **Widerstand**, Flucht und Kampf. Im 18. Jh. allein sah die Insel etwa alle fünf Jahre einen Sklavenaufstand und nirgendwo sonst in der Karibik oder Nordamerika waren die Rebellionen häufiger und verheerender in ihrer Wirkung als hier. Jamaika mit seinen **400 Zuckerrohrplantagen**, riesige Zuckerfabrik des britischen Kolonialreiches, war ein Pulverfass, der langjährige Guerrillakampf der **Maroons** nur einer der Funken, der die Wut der Geknechteten und ihren Wunsch nach Freiheit immer wieder entfachte. Aber ihre Geschichte lebt nicht nur in den Liedern engagierter Reggae-Musiker fort. Die **Freiheitskämpfer**, die – wie Sam Sharpe während der ›Christmas Rebellion‹ 1831 – Massen geschundener Sklaven im Kampf vereinten, sind heute **Nationalhelden** Jamaikas.

Stairway to Heaven – das Counting House der Good Hope Plantation, heute eine Suite

Praktische Hinweise

Hotel

****Good Hope Tree House**, 1 Trelawny St./Falmouth Post Office, Good Hope, Trew, (südlich von Falmouth), Tel. 876-881-68 69, www.goodhopejamaica.com. Zimmer in historischem Plantagenhaus und in Nebengebäuden, mit Baumhaus und Pool mitten im Grünen am Fluss (Vermietung wochenweise). Reitausflüge, Wanderungen, Vogelbeobachtung etc. können organisiert werden.

5 Martha Brae River

Gemütliche Floßfahrt zur Bucht des leuchtenden Wassers.

Zu den erholsamsten und schönsten Erlebnissen gehört ein *Rafting Trip* auf dem Martha Brae River. Geruhsam und lautlos gleitet das lange zweisitzige Bambusfloß, vom Steuermann per Bambusstange gelenkt, den kurvigen Fluss hinab. Er entspringt im Cockpit Country bei den *Windsor Caves* und mündet nach 52 km östlich von Falmouth in die Oyster Bay und ins Karibische Meer. Sein Name entstammt einer *Sage*. Martha Brae, eine Taino-Prinzessin, soll goldhungrige Spanier mit Versprechungen auf reiche Beute in eine Höhle am Flussufer gelockt haben. Dort änderte sie dank magischer Kräfte den Lauf des Flusses, sodass die Spanier und sie selbst ertranken. Ihr Geist soll noch immer den Zugang der bis heute unentdeckten Goldmine bewachen. Vom **Rafters Village** (Tel. 876-952-08 89, www.jamaicarafting.com, mit Reservierung telefonisch oder online), gut 3 km landeinwärts südlich von Martha Brae gelegen, startet die etwa 60-minütige Floßtour flussabwärts durch eine hügelige, üppig grüne Tropenlandschaft bis zur Mündung. Wer möchte, kann unterwegs ein erfrischendes Bad nehmen.

Eine abendliche Bootstour von besonderem optischen Reiz bietet die **Oyster Bay**. Östlich von Falmouth, beim Dorf Rock, liegt dieser von Mangroven gesäumte Strandsee. Er wird auch *Luminous*

Vom Salon des vormaligen Herrenhauses schweift der Blick über die Good Hope Plantation

Floß ahoi – ein veritabler Seelenbalsam ist die Flussreise auf dem Martha Brae River

Lagoon genannt, denn im Wasser sorgen fluoreszierende Mikroorganismen bei Dunkelheit für jenes geheimnisvolle Leuchten, das durch die vorbeischwimmende Fische dynamisch reflektiert wird.

i Praktische Hinweise

Hotel

***Fisherman's Inn Dive Resort**, Rock, Falmouth Tel. 876-954-3472, www.fishermansinnjamaica.com. Nettes Hotel an der Lagune mit gutem Fischrestaurant.

Restaurant

Glistening Waters Inn & Marina, Rock, Falmouth Tel. 876-954-3229, www.glisteningwaters.com. Attraktives Seafood-Lokal an der Lagune, gute Cocktails. Angeltouren, Sunset Cruises und abends Bootsausflüge in die Luminous Lagoon.

6 Cockpit Country

Die pittoreske, beinah straßenlose Wildnis ist die Heimat der Maroons.

Als Cockpit Country bezeichnet man ein etwa 1300 km² großes Terrain südöstlich von Montego Bay, in das nur ein paar Straßen ein Stückchen hineinführen, aber keine von ihnen durchquert das Gebiet. Es ist Teil des massiven Kalksteinplateaus, das große Teile West-Jamaikas bedeckt. In die verkarstete Landschaft mit ihren kegelförmigen grünen Hügeln und Felsnadeln sollten sich auch erfahrene Wanderer nur mit ortskundigen Führern wagen. Da markierte Wege fehlen und der poröse Untergrund nachgeben kann, sind selbst kurze Spaziergänge auf eigene Faust sehr risikoreich. *Sinkholes*, Einbruchstellen unterirdischer Höhlen mit scharfzackigen Rändern, in ihrer Form an kreisrunde Hahnenkampfarenen, eben **Cockpits**, erinnernd, gaben der bizarren Landschaft ihren Namen. Hier lebten die **Leeward Maroons**, den Spaniern entlaufene Sklaven, die sich den Briten nicht unterwerfen wollten, sondern ihnen einen Jahrzehnte dauernden *Guerillakrieg* lieferten. Bei den Engländern war das kaum zugängliche Gebiet daher als ›The Land of Look Behind‹ bekannt, als ein Landstrich, in dem es angeraten schien, ständig hinter sich zu blicken.

Ein Pfad, dessen genauer Verlauf nur Eingeweihten bekannt ist, quert das Terrain von den Windsor Caves im Norden bis nach Troy im Süden. Örtliche Veranstalter bieten Touren in die ursprüngliche Wildnis an, darunter auch Höhlenerkundungen. *Cockpit Country Adventure Tours* (Tel. 876-610-0818, www.stea.net) aus Albert Town und die *Jamaican Cave Orga-*

Feuerbaum – im bizarren Hügelpanorama des Cockpit Country setzt ›Flame of the Woods‹ einen spielerischen Akzent

nisation (Tel. 876-397-7488, www.jamaicancaves.org, Reservierung telefonsich oder online) sind gute Anlaufadressen für dieses Abenteuer.

Eine holprige Straße führt von Falmouth über Martha Brae und Sherwood Content nach *Windsor*. Eine Attraktion sind hier die von Fledermäusen bewohnten **Windsor Caves** (Windsor Research Centre, Tel. 876-997-3832, www.cockpitcountry.com). Die 3 km tiefen Kalksteinhöhlen sind nicht ausgeleuchtet und sollten nur partiell und mit festem Schuhwerk begangen werden. Der für die Höhlen zuständige *Cave Warden* (Gebühr) leuchtet mit einer Bambusfackel voran. Durch eine der Kammern rauscht ein unterirdischer Bach, der als Martha Brae River kurze Zeit später an die Erdoberfläche tritt.

Balm Mothers, Obeah und Anancy, als wär's ein Stück von Afrika

Manchmal fühlt man sich mitten im karibischen Ferienparadies an Afrika erinnert – angesichts einer kunterbunten Marktszene, einer Dame, die ihre Einkäufe auf dem Kopf balancierend nach Hause trägt, ja selbst beim Anblick so mancher Landschaft. Und tatsächlich ist das afrikanische Erbe in Jamaika bis heute lebendig.

Kraft und Magie westafrikanischer Kulturen versetzten einst selbst mächtige Plantagenbesitzer in Angst und Schrecken, und alle Versuche, sie auszulöschen, waren vergeblich. So wird z. B. die traditionelle Medizin und **Naturheilkunde** auf Jamaika auch im 21. Jh. noch praktiziert. Das Wissen um die Heilkraft von Kräutern, wie die lindernde Kraft eines Aufgusses der Blätter von ›Shy me lady‹ bei Erkrankungen der Atemwege, wurde über Generationen meist von den Frauen tradiert. Kundige **Balm Mothers** praktizieren noch immer in Balm Yard genannten Höfen. Ihre Heilmethoden umfassen die Anwendung von Ölen, Kräutern und Rinden als Umschläge oder Tees genauso wie psychologische Betreuung.

Auf Jamaika üben auch noch einige **Obeah Men** ihre verbotenen Zauberpraktiken im Verborgenen aus. Sie rufen gegen Honorar dienstbare und mächtige Geister herbei und bringen mithilfe schwarzer Magie Unglück über missliebige Personen. Der Glaube an die geheime Macht der Zauberei ist in der jamaikanischen Bevölkerung durchaus weit verbreitet und geht, wie in der afrikanischen Heimat, noch heute durch alle Gesellschaftsschichten.

Einen wichtigen Platz im Alltagsleben nimmt auch **Anancy** ein, der Spinnengott. Seine Geschichten, seit Generationen mündlich überliefert, wurden erst von **Louise Bennet-Coverley**, der großen jamaikanischen Erzählerin, als Märchensammlung niedergeschrieben (›Anancy and Miss Lou‹, 1979). Der listige Spinnengott der westafrikanischen **Ashanti** kam an Bord der Sklavenschiffe mit über den Atlantik. Anancy kann verschiedene Gestalten annehmen, auch die von Menschen, er setzt nicht auf Gewalt, sondern auf die Macht der Worte und versucht, seinen Gegner mit viel Witz und Tücke zu besiegen. Das liebenswerte **Idol der Machtlosen** erlebt bis heute immer neue Abenteuer und stellt unter Beweis, dass man sich mit einem wachen und findigen Geist auch gegen scheinbar überlegene Gegenspieler durchsetzen kann.

7 Accompong

Hartes Leben und stolze Traditionen im Dorf der Leeward Maroons.

Im Süden des Cockpit Country, im *St. Elizabeth Parish*, liegt eine der bekanntesten Maroon-Siedlungen Jamaikas. Sie ist von Falmouth aus über die B11 und B10, von MoBay über die B6 auf beschwerlicher Route zu erreichen.

An jedem 6. Januar kommen Maroons aus ganz Jamaika in Accompong zusammen. Sie feiern das **Maroon Festival** (www.jamaicanmaroons.com), den Jahrestag der Unterzeichnung des **Peace Treaty** von 1739, eines Friedensabkommens, das ihr Anführer *Cudjoe* mit den Briten unterzeichnet hatte. Den Rebellen, ihnen hatten sich auch viele von den englischen Plantagen geflüchtete Arbeitssklaven angeschlossen, wurden damals Landrechte und innere Autonomie zugesichert. Ihre **Unabhängigkeit** erkauften sie sich nach ihrem jahrzehntelangen Buschkrieg mit dem Versprechen, die Attacken einzustellen und keine flüchtigen Sklaven mehr aufzunehmen, sondern diese an die Plantagenbesitzer zurückzugeben und darüber hinaus bei der Unterdrückung etwaiger Sklavenaufstände zu helfen.

Das Fest ist sicherlich der beste Anlass, das Dorf der *Leeward Maroons* auf seinem steilen Hügel zu besuchen. An den Feierlichkeiten in der **Peace Cave**, wo der historische Vertrag unterzeichnet wurde, dürfen die Gäste zwar nicht teilnehmen, beim Fest selbst sind sie jedoch willkommen. Der dumpfe Klang der Ziegenfelltrommeln und der klagend-helle Ton der *Abeng*-Hörner begleiten den Umzug der Bewohner, die an den Hütten früherer *Colonels* (Anführer) ehrfurchtsvoll verharren, um dann am Dorfplatz die Ansprache des amtierenden Colonels zu hören. Anschließend reihen sie sich in die Vorführung traditioneller afrikanischer *Kriegstänze* ein. Am Abend ruft ein Sound System mit lauter Musik zum *Dance*, die Party endet erst bei Sonnenaufgang.

Ab in den Hades – die Windsor Caves sind Teil der Unterwelt des Cockpit Country

Ocho Rios und die Nordküste – von Paradiesgärten und Wasserfällen

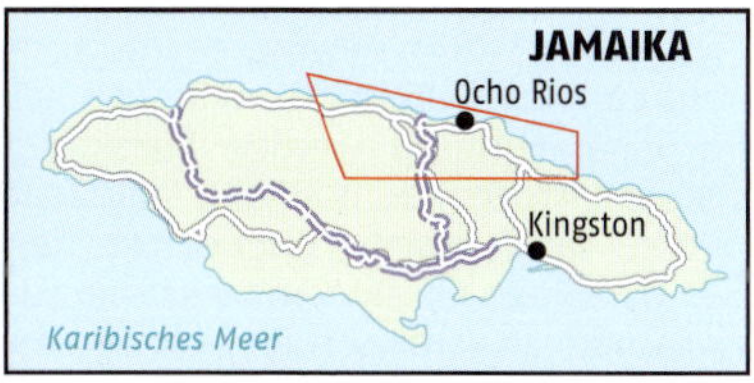

Kaum eine andere Region Jamaikas kann es mit der Nordküste in puncto Schönheit aufnehmen. Sie sieht aus, als hätte Flora ihr Füllhorn über den Hügeln und Tälern zwischen **Discovery Bay** und **Annotto Bay** ausgeschüttet. Prächtig präsentiert sich das satte Grün der Bäume und Pflanzen, wie Juwelen in grünem Samt funkeln inmitten des Dschungels alle möglichen exotischen Blüten. Quellen des Reichtums sind die aus den Bergen des Inlands der Küste zustrebenden Flüsse, die sich vor allem um **Ocho Rios** als Wasserfälle wie die *Dunn's River Falls* schäumend ins Meer ergießen. Allenthalben entlang der Küste liegen wahre **Bilderbuchstrände** im Schatten von Palmen. Ocho Rios selbst ist eine der bedeutendsten Urlaubsmetropolen und der wichtigste Kreuzfahrthafen der Insel. Eine breite Palette von Hotels, Restaurants, Bars und ein vielseitiges Wassersport- und Ausflugsangebot lassen keine Freizeitwünsche offen. Als Ouvertüre dieser Symphonie liegen im Westen die kleinen Küstenorte Discovery Bay und **Runaway Bay**, die schon zu Kolumbus' Zeiten eine Rolle spielten. Ein Pilgerziel für Reggae-Fans aus aller Welt ist das abgelegene Dorf **Nine Mile**, Geburtsort von *Bob Marley* und seine letzte Ruhestätte. Einem Nationalhelden, dem Rastafari-Propheten *Marcus Mosiah Garvey*, wird unweit der ersten Hauptstadt Jamaikas, in **St. Ann's Bay**, gedacht. – Und auf einer Anhöhe in der Nähe von **Oracabessa** mit weitem Blick über die Bay von **Port Maria** hieß einst der englische Autor und Schauspieler Sir Noël Coward in seinem Haus *Firefly* illustre Gäste wie Marlene Dietrich, Winston Churchill und Sean Connery willkommen. Nahebei, in der Villa *Goldeneye*, wiederum schrieb Ian Fleming 14 Thriller über einen Agenten namens Bond – James Bond.

8 Discovery Bay

Kolumbus auf Wassersuche, Bauxitsilo und Badestrand an hufeisenförmiger Bucht.

In Discovery Bay, 64 km westlich von MoBay, soll **Christoph Kolumbus** im Jahr 1494 erstmals jamaikanischen Boden betreten haben. *Puerto Seco*, trockener Hafen, nannte der Entdecker die Bucht, in die kein Fluss mündet. Die Ausflügler, die heute den Strand **Puerto Seco Beach** am Wochenende bevölkern, stört der Frischwassermangel nicht. Kolumbus und seine Mannschaft waren jedoch darauf angewiesen, ihre Wasservorräte aufzufrischen, deshalb segelten sie weiter nach Westen, wo sie in der ›Bucht des guten Flusses‹, die noch immer den Namen *Rio Bueno* trägt, am 4. Mai 1494 ankerten.

Der größte Teil der Discovery Bay gehört heute der **St. Ann Bauxite Limited (SABL)**, die von Bauxitgruben im Inland gewaltige Mengen rötlicher, mineralhaltiger Erde in ein Silo mit 125 000 t Fassungsvermögen schafft, das am Rande der Bucht aufragt. Frachter legen regelmäßig am Pier an, um den wertvollen Rohstoff für die *Aluminiumherstellung* nach Nordamerika zu verschiffen. Dieses staubbedeckte nüchterne Ambiente steht im krassen Gegensatz zu der ansonsten lieblichen Landschaft. Am westlichen Rand der Bay, neben dem **Columbus Park** mit Gerätschaften aus der Kolonialzeit, betreibt die University of the West Indies ein den Korallenriffen gewidmetes Marineforschungsinstitut.

Wunder der Natur und Badespaß: Die Dunn's River Falls ergießen sich über eine riesige Felstreppe bei Ochos Rios ins Meer

Praktische Hinweise

Restaurant

Lobster Bowl, Waterfront, Rio Bueno, Tel. 876-954-00 48. Familiäres und alteingesessenes Seafood Restaurant mit beliebten Hummer- und Fleischgerichten. Einfache Ausstattung, aber gute Stimmung und frische Zutaten.

9 Runaway Bay

Eine grüne Grotte und All-Inclusive-Resorts an langen Stränden.

Rund 8 km westlich von Discovery Bay liegt ein Ferienzentrum mit einem interessanten Namen. Über dessen Bedeutung streiten die Historiker noch heute. Während die einen vermuten, dass von dieser Bucht aus 1655 ein Kontingent der spanischen Kolonialarmee vor den britischen Eroberern nach Kuba floh, halten es andere für wahrscheinlicher, dass es sich um einen Fluchtpunkt fortgelaufener Sklaven handelte, die sich in den hiesigen Höhlen verbargen, um dann mit Einbäumen auf Nachbarinseln zu entkommen. Kurz vor Runaway Bay laden die Tropfsteinhöhlen **Green Grotto Caves** (Tel. 876-973-28 41, www.greengrottocavesja.com, tgl. 9–16 Uhr) zum Besuch ein. Bei einer Führung werden Stalaktiten und Stalakmiten ›zum Singen‹ gebracht und auf der Bootsfahrt über den kleinen See der Green Grotto kann man bei Fackelschein zu farblosen und blinden Fischen hinabschauen. Ein kleiner See nahe der Höhle bietet Anglern Gelegenheit zum Barsch-Fang und anschließendem Lunch, dank Picknickplatz und Küche.

An der mit **Sandstränden** gesegneten Runaway Bay verbreiten mehrere Hotelresorts Ferienstimmung. Und die Tauchgründe vor der Küste gehören zu den besten Jamaikas Auf einem Hügel über der Bucht liegt ein weiteres Hotel, dem HEART, die renommierte Hotelfachschule der Insel, angeschlossen ist.

Wahrzeichen von Discovery Bay ist der riesige staubbedeckte Bauxitspeicher

Silbernes Metall aus roter Erde

Untersuchungen der roten Erde auf dem Gut des britischen Plantagenbesitzers Sir Alfred DaCosta bei Lydford im **St. Ann Parish** brachten es 1942 ans Licht: Das zentrale Binnenland von Jamaika zwischen den Santa Cruz Mountains im Süden und den Dry Harbour Mountains im Norden ist ein riesiges **Bauxitlager**. Anfang der 1950er-Jahre begannen dann nordamerikanische Gesellschaften das metallhaltige Erz, Rohstoff für die Gewinnung von **Aluminium**, im großen Stil abzubauen. Jamaika ist heute nach Australien und Guinea der drittgrößte Bauxitlieferant der Welt. Bauxit ist neben dem Tourismus der wichtigste Wirtschaftsfaktor der Insel. Um an das **Rote Gold** zu gelangen, müssen die Vegetation und die darüberliegenden Erdschichten entfernt werden. Lastwagen oder Förderbänder bringen die bauxithaltige Erde zu den Verarbeitungsbetrieben oder Häfen. Ein Drittel der Fördermenge wird sofort verschifft, zwei Drittel in den vier jamaikanischen Raffinerien gewaschen und anschließend als Zwischenprodukt exportiert. Zunächst wird hierzu die Bauxiterde gemahlen, dann mithilfe eines alkalischen Aufschlussverfahrens das weiße Oxid **Alumina** erzeugt. Die Weiterverarbeitung zum Endprodukt Aluminium – aus dem geschmolzenen Oxid wird das Metall mittels Elektrolyse gewonnen – erfordert große Energiemengen und ist, da diese auf der Insel nicht bereitstehen, nur im Ausland möglich.

Der vom Bauxit zurückbleibende eisenhaltige rote Schlamm wird auf Jamaika in **Mud Lakes** wie dem Schlammsee bei Mandeville [Nr. 42] zum allmählichen Abtrocknen gesammelt. Die Bauxitfirmen sind verpflichtet, die geschundene Erde des Tagebaus zu rekultivieren. Stellenweise wurde das fruchtbare Bauxitland bereits wiederaufgeforstet, oder es wurden saftige Wiesen angelegt, auf denen heute Kühe grasen.

Gezeichnet von langer Seereise – Wassersportler am Strand der Runaway Bay

Praktische Hinweise

Hotels

*****Jewel Runaway Bay Resort**, Main Road, Runaway Bay, Tel. 876-633-4000, www.jewelresorts.com. Ein- bis zweistöckige moderne Gebäude großzügig über das Gelände am Strand verteilt. Großes Spa- und Freizeitprogramm, diverse Restaurants und Bars zur Auswahl.

*****Royal Decameron Club Caribbean**, Main Road, Runaway Bay, Tel. 876-973-48 05, www.decameron.com. Quirliger All-inclusive-Komplex am Strand mit Cottages und Suiten, Disco sowie drei Bars und Restaurants.

*****Cardiff Hotel & Spa**, 8 Ricketts Ave., Runaway Bay, Tel. 876-973-66 71-4, www.thecardiffhotel.com. Hotel im Plantagenhausstil (46 Zi.) in Hügellage. Das Restaurant *Isabella's* zelebriert karibisch-internationale Küche. Angeschlossen ist Jamaikas Hotelfachschule, guter Service ist also garantiert. Shuttle Service zum nahen Strand.

10 Brown's Town

Lebhafter Markt am Kreuzungspunkt der Landstraßen.

Die Strandoasen hinter sich lassend, wendet man sich nach Süden in Richtung Dry Harbour Mountains. Die B3 führt von Runaway Bay durch ländliche Szenerie nach Brown's Town (14 km). Jeden Mittwoch, Freitag und Samstag breiten die Marktfrauen hier eine große Vielfalt an Früchten und Gemüse an ihren Ständen, auf Karren oder Tüchern aus. Die gusseiserne viktorianische **Markthalle** kann längst nicht alle Anbieter aufnehmen, auch die angrenzenden Straßen sind von buntem Markttreiben erfüllt. In den Garküchen und auf den Grills brutzelt frischer Fisch und Reggae Music liegt in der Luft. Es ist vergnüglich, beim Einkaufen das jamaikanische Alltagsleben zu studieren.

Gesegneter Handel – die Kirche von Brown's Town wacht über die Geschäfte

11 Nine Mile

Wallfahrtsort für Reggae-Fans und Rastafari im grünen Hügelland.

Die Fahrt geht auf der Schlaglöcher gespickten B3 weiter gen Süden durch die Dry Harbour Mountains, ab Alexandria dann exakt 9 Meilen in Richtung Osten und schon ist Nine Mile erreicht, der Geburtsort des Reggae-Superstars **Bob Marley** (1945–1981). In dem kleinen Straßendorf verbrachte Robert Nesta Marley seine Kindheit. Mit 15 Jahren zog er mit seiner Mutter nach Kingston, kehrte aber zuweilen hierher zurück, um abseits vom Trubel der Metropole das Landleben zu genießen. Auch seine letzte Ruhestätte fand der im Alter von 36 Jahren verstorbene Musiker und Rastafari hier, in einem winzigen Mausoleum, das mit allerlei Memorabilia und einer äthiopischen Flagge dekoriert ist. Es ist Teil des **Bob Marley Centre & Mausoleum** (Tel. 876-999-70 03, tgl. 9–17 Uhr), einer Art Wallfahrtsort, zu dem auch sein Geburtshaus gehört. Der lebensfrohe, Fußball spielende Bandleader wurde schon zu Lebzeiten von vielen geliebt und bewundert. Heute wird er geradezu wie ein von Gott Gesandter verehrt, wie man im Rahmen der 30-minütigen Führung erfährt. Der Stein, auf dem Marley seine Inspirationen fand und wo er lernte Gitarre zu spielen, heißt heute *Mount Zion Stone*. Zu Marleys Geburtstag am **6. Februar** finden in Nine Mile und in ganz Jamaika Gedächtnisevents statt, und der Februar wurde 2008 offiziell zum Reggae Monat erklärt.

Eitle Pose und melancholische Miene – prächtiger Pfau im Cranbrook Flower Forest

12 St. Ann's Bay

Die erste spanische Kolonialhauptstadt und der Geburtsort von Marcus Mosiah Garvey.

Auf dem Weg zur Hauptstadt des St. Ann Parish wird der Naturfreund einen Abstecher zum **Cranbrook Flower Forest & River Head Adventure Trail** (Laughlands, Tel. 876-770-8071, tgl. 9–17 Uhr) machen. Durch den idyllischen Landschaftspark am Little River mit seinen Palmen und seiner exotischen Blütenpracht stolzieren weiße und blaue Pfaue. Polo-Kenner können eine Meile weiter einen Stopp einlegen: Der **Chukka Cove Polo Club** ist einer von fünf Klubs auf der Insel. Bei den Spielen (Sa) sind Zuschauer willkommen, zu den Turnieren kommen Mannschaften aus aller Welt. Der Klub ist auch Sitz der **Chukka Caribbean Adventure Tours** (Tel. 877-424-8552, http://chukka.com). Zum Ausflugsangebot gehören Kajak-Exkursionen, River Tubing, ein Zipline Canopy Parcour, Reit-, Jeep- und Buggy-Touren und eine mit Bob Marley Songs untermalte Fahrt nach Nine Mile an Bord des *Zion Bus*, eines alten aufgemöbelten Country Busses.

Kurz vor St. Ann's Bay liegt das Dorf **Priory**, das wegen des *Richmond Estate Recreation Park* Beachtung erfährt und das vor einigen Jahren noch Schauplatz vieler Musikfestivals war.

Doch nun zurück in die Vergangenheit: Als die Spanier im Jahre 1509 die Hauptstadt ihrer Kolonie Jamaika nahe dem westlichen Ortseingang des heutigen **St. Ann's Bay** errichteten, lebten hier bereits Taino in einer Siedlung namens *Maima*. Der Standort für das spanische **Sevilla la Nueva** allerdings – Reste der Siedlung wurden in Küstennähe ausgegraben – war nicht gut gewählt. Die Niederungen erwiesen sich als ungesund. Schon 1534 zog die Kolonialregierung an die Südküste, und beim heutigen *Spanish Town* [Nr. 36] wurde die neue Hauptstadt errichtet. Die Ausgrabungen und die Sammlung des **Seville Great House and Heritage Park** (Tel. 876-972-2191, www.jnht.com, tgl. 9–16 Uhr) geben interes-

Xaymaca oder die Insel der Glückseligen

Damals, als die Taino die schöne Insel im Karibischen Meer besiedelten, herrschte Frieden. Sie nannten sie **Xaymaca**, ›Land aus Wald und Wasser‹ und lebten gut von ihren Früchten. Bis hierher war es eine weite Reise gewesen, denn die Taino kamen ursprünglich aus dem Mündungsgebiet des **Orinoco** im heutigen Venezuela. Nachdem sie einige andere karibische Inseln besiedelt hatten, ließen sie sich um 600 auch auf Jamaika nieder. Als **Christoph Kolumbus** 1494 die Insel ›entdeckte‹, lebten rund 100 000 Taino hier, wie über 230 Fundstätten bezeugen. Jeweils mehrere Großfamilien wohnten in einer Siedlung zusammen, betrieben Landwirtschaft (Mais, Yam, Cassava) und Fischfang, webten Stoffe für Kleidung, Segel und Hängematten aus den Fasern der Seebaumwolle und bauten Kanus, in denen bis zu 50 Personen Platz hatten. In ihrer Freizeit trugen sie **Batey** aus, ein Ballspiel mit zwei Mannschaften und einer Kautschuk-Kugel. Oberster Gott ihrer Religion war **Yaya**, als Vermittler zu den Menschen dienten gute Geister, die **Zemis**. Auch das Reich der Toten, **Coyaba**, war kein Ort des Schreckens, sondern ein recht fröhlicher Ort, an dem viel getanzt und gefeiert wurde.

Doch mit der Ankunft der **Spanier** hatte das glückselige Dasein ein Ende. Innerhalb weniger Jahre waren die Taino durch schwere Arbeit und eingeschleppte Krankheiten zugrunde gerichtet. Als die **Briten** 1655 die Insel eroberten, galten die Ureinwohner längst als ausgestorben. Die Erinnerung an das friedliche Volk, das in seiner Sprache kein Wort für Krieg kannte, lebt in Berichten des Kolumbus, in wenigen Felszeichnungen wie in der **Mountain River Cave** [Nr. 37] und in Funden von Gebrauchs- und Kultgegenständen fort. Außerdem wurden einige Worte ihres **Sprachschatzes** tradiert, wie z. B. Canoe (Kanu), Hammock (Hängematte), Hurricane (Hurrikan) und Tobacco (Tabak). Und vielleicht stimmt es ja sogar, was einige Jamaikaner stolz versichern, dass in ihren Adern Taino-Blut fließe.

Güldene Lichtgestalt – die Statue des Entdeckers Kolumbus in St. Ann's Bay

sante Einblicke in die Geschichte dieser ersten Kapitale.

Am nahen *Kreisverkehr* zweigt die **Main Street** St. Ann's Bays von der Umgehungsstraße ab. Der Ort liegt auf einem Hügel über der Küste, nahe dem Ortseingang steht das **Columbus Monument**. Es erinnert an das Jahr 1503, als der Entdecker bei der Rückkehr von seiner vierten Reise hier Schiffbruch erlitt und 12 Monate bis zu seiner Rettung festsaß. Über die Main Street geht es weiter ins Zentrum mit dem eleganten *Courthouse* (1866) und der *Markthalle*, in der vormittags lebhaftes Treiben herrscht, und weiter zur *Library* im Osten der Stadt. Hier erhebt sich die **Bronzestatue** des berühmtesten Sohnes von St. Ann's Bay, des Nationalhelden **Marcus Mosiah Garvey** (1887–1940). Garvey hatte in den USA 1918 eine panafrikanische Erneuerungsbewegung ins Leben gerufen, die UNIA oder Universal Negro Improvement Association. Ziel seiner Bemühungen um die *Black Consiousness* waren die Besinnung der Farbigen auf ihre afrikanische Heimat und die Förderung schwarzer Wirtschaftsinitiativen. Seine Schiffsflotte ›Black Star Line‹ sollte den Entwurzelten die Rückkehr nach Afrika ermöglichen. Bald wurde Garvey von den Regierungen der USA und Großbritanniens als Aufrührer verfolgt. Er starb als armer, gescheiterter Mann in England. Selbst in der jamaikanischen Heimat hatte Garvey wenig Anerkennung erfahren, die **Rastafari** allerdings verehrten ihn bald als Propheten ihrer Bewegung, denn er hatte das Erscheinen eines schwarzen Königs und Erlösers geweissagt [s. S. 104]. Musikali-

Black Moses – Garveys prophetische Worte inspirierten die Rastafari

sche Denkmale werden ihm noch heute gesetzt, z.B. von dem Sänger Winston Rodney alias *Burning Spear*, der ebenfalls aus St. Ann's Bay stammt und das Motto Garveys ›One God, One Aim, One Destiny‹ zu einem Leitmotiv erhob.

i Praktische Hinweise

Restaurant

The Roxborough, Roxborough Beach, Tel. 876-562-6725. Lokal direkt am Strand mit jamaikanischer Küche und Fischgerichten. Sehr beliebt ist aber auch die Pasta.

13 Ocho Rios

In üppiges Grün gebettete Urlaubsmetropole zwischen Einkaufsfreuden, Badevergnügen und Wasserfällen.

Der einstige Fischerort und Bauxithafen Ocho Rios gehört heute zu den großen Urlaubsmagneten Jamaikas und nimmt in puncto Besucherzahlen (aufgrund des Kreuzfahrttourismus) hinter Montego Bay den zweiten Rang ein. Jenseits des türkisblauen Meeres und der weißen Pudersandstrände bilden perlende Wasserfälle, paradiesisch-bunte Botanische Gärten und prachtvoll-idyllische Plantagen die größten Kostbarkeiten in der vielfältigen landschaftlichen Kulisse der Stadt.

Wer zählt die Flüsse

Der spanische Name Ocho Rios, ›acht Flüsse‹, gibt Rätsel auf, denn mehr als drei Wasserläufe wird man auch bei intensiver Suche hier nicht finden. Vermutlich geht die Bezeichnung eher auf *Chorreras* (span. Stromschnellen) zurück und wurde wohl im Laufe der Zeit entsprechend umgeformt. Trotz seines alten Namens hat Ocho Rios übrigens wenig Relikte aus alten Zeiten aufzuweisen. Die Spuren der blutigen Scharmützel 1655–60 zwischen den Soldaten des spanischen Gouverneurs *Don Cristobal de Yassasi* und den englischen Eroberern von Jamaika sind längst verschwunden. Die Ruinen eines britischen Forts gegenüber dem alten Bauxitpier, einst zur Verteidigung gegen mögliche Angriffe der Spanier errichtet und später zum Schutz vor den feindlichen Franzosen ausgebaut, werden von alten Kanonen bewacht. Ab 1952 weckte der Verladehafen der Bauxitfirma Reynolds das Dorf erstmals aus dem Dornröschenschlaf, in den 1970er-Jahren begann seine Blütezeit. Heute ist die Attraktion der kurz **Ochi** genannten Stadt ihr attraktives Ambiente mit schönen Stränden und Hotels sowie großem Freizeitangebot. 2009 wurden die Küstengewässer zum *Meeresschutzgebiet* erklärt.

Auf breiten Sesseln durch den Dschungel – der gegenläufige Lift am Mystic Mountain

Wasserschleier wie gefrorenes Engelshaar – die spektakulären Dunn's River Falls von Ocho Rios

Wasserfälle, Delfine, Höhenrausch

Die größten Schmuckstücke Ochis gibt es westlich des Zentrums zu bewundern. TOP TIPP Zunächst erreicht man **Dunn's River Falls & Park** 1 (Tel. 876-974-2857, www.dunnsriverfallsja.com, tgl. 8.30–16 Uhr, Badekleidung und rutschfeste Badeschuhe mitbringen) mit der wohl berühmtesten Naturattraktion Jamaikas. Beschattet von einem tropischen Garten mit eindrucksvollen Baumriesen sprudelt und schäumt der Wasserfall des Dunn's River eine 200 m hohe Riesentreppe aus buckeligen Kalksteinfelsen hinab. Auf seinem Weg fängt sich das klare Nass immer wieder in tiefen Becken, von deren Rand es weiter hinabgleitet, um schließlich am schneeweißen Strand ins Meer zu plätschern. Von der Küste aus erklimmen Scharen von Urlaubern mit ihren Führern zusammen die romantische Wasserkulisse. Sie halten sich wie Kinder an den Händen, manchmal kommen sie auf den nassen Felsen etwas ins Schlittern und Schwanken, doch zwischen Prusten, Jauchzen und Gekicher ist immer noch genug Zeit für ausgelassene Schnappschüsse und Gruppenfotos.

Am benachbarten Strandabschnitt lädt die **Dolphin Cove** 2 (Tel. 876-974-5335, www.dolphincoveja.com, tgl. 8.30–17.30 Uhr, Delfin-Programm tgl. 8mal, Voranmeldung empfohlen) zur Begegnung und sogar zum Schwimmen mit Delfinen ein. Von hier starten auch Touren zur *Prospect Plantation*, die nur 15 Minuten Autofahrt entfernt liegt [s. S. 47], einer der ältesten Plantagen Jamaikas, die jedoch auch allerlei touristische Angebote bereithält.

TOP TIPP Ein Stück weiter bietet der **Mystic Mountain** 3 (Tel. 876-974-3990, www.rainforestadventure.com, tgl. 9–16 Uhr) jede Menge Dschungel-Erlebnisse. Mit dem Sessellift *Sky Explorer* geht es hoch über die grünen Baumkronen des Regenwaldes hinweg zum Gipfel des mystischen Berges. Oben lädt die *Jamaican Railway Station*, der Nachbau eines Bahnhofsgebäudes aus der Zeit um 1900, zum Besuch ein. Sie birgt einen Souvenirladen, das *R2 Restaurant* und den *Mystic Pavillon* mit einer Ausstellung zu Kultur und Sport in Jamaika. Abenteuerlustige haben nun die Wahl zwischen einer flotten Talfahrt per *Bobsled* und einer Rutschpartie am Zeilzug durch die Baumwipfel mit der *Zipline Tranopy*. Außerdem kann man von hier oben herrliche Ausblicke auf die Bucht von Ocho Rios und das majestätische Hügelprofil der Küste genießen.

Aug' in Aug' mit dem Meeresgiganten – Stippvisite von Kreuzfahrtpassagieren am Strand

Turtle Beach und Einkaufsfreuden

Im Hafen von Ocho Rios, der wichtigsten Kreuzfahrtdestination Jamaikas, liegt fast immer eines der schneeweißen Hotelschiffe am **Cruise Ship Pier** 4. Ocho Rios wird im Jahr von etwa 150 Kreuzfahrtschiffen mit knapp 400 000 Passagieren besucht. Dutzende von Minibussen und Taxen stehen für die erlebnishungrigen Kreuzfahrer bereit, um sie zu den Sehenswürdigkeiten in der Stadt und ihrer Umgebung zu kutschieren.

Unweit des Piers lädt das hippe **Margaritaville** 5 (Tel. 876-675-88 00) mit Pool, Wasserrutsche und Meerblick zum Besuch ein. Nachts verwandelt es sich in eine Diskothek. Das vom floridianischen Sänger Jimmy Buffett in rustikalem Stil eröffnete Lokal ist besonders bei Kreuzfahrttouristen beliebt. Das früher lebendige Shopping Center hat seine guten Zeiten allerdings hinter sich.

Auf dem Weg Richtung Zentrum liegt rechter Hand der Eingang zum **Turtle River Park** 6. Hier kann man im Grünen entlang eines Bachs flanieren oder auf einer der Parkbänke im Schatten von tropischen Bäumen verweilen. Entlang der Main Street liegen auch mehrere Shopping Center, wie die **Harbour Shops** 7, die orientalisch gestylte **Taj Mahal Plaza** 8, die alteingesessene **Ocean Village Plaza** 9 und die **Soni's Plaza** 10. Neben Souvenirläden verfügen sie alle über Duty Free Shops, die zollfreie Markenfabrikate wie Parfüm, Schmuck, Rum und Zigarren anbieten. Kunsthandwerk und Souvenirs findet man aber auch im **Craft Park** 11, wo sogar maßgefertigte Basthüte geflochten werden, während die Kunden zuschauen und ein Schwätzchen halten.

Um die *Ocho Rios Bay* im Zentrum reihen sich außerdem einige Hotels und Apartmentkomplexe aneinander. Am Ostende der Bay, bei The Point, ragen die beiden Hochhäuser des *Sunset Jamaica Grande Resort* (730 Zimmer) in den Himmel. Zu ihren Füßen liegt der breite sichelförmige **UDC Beach**, der auch **Turtle Beach** 12 genannt wird. Schildkröten sieht man hier zwar heute nicht mehr, dafür aber kann man sonnenbaden und alle möglichen Arten von Wassersport betreiben. Die Strandabschnitte der sich anschließenden **Mallards Bay** 13 werden weitgehend von Hotels vereinnahmt. Das Korallenriff, das sich von Ocho Rios aus weit nach Osten zieht, bietet gute Schnorchel- und Tauchmöglichkeiten.

Immer um den Uhrturm rum

Die Main Street und der parallel verlaufende DaCosta Drive führen zum Kreisverkehr und zum stets wie ein Bienenkorb vor Aktivität summenden *Market*. Hier, um den **Clock Tower** ⑭, ist immer etwas los. Taxifahrer warten auf Kundschaft, Händler bieten Getränke und Snacks an, aus den Bars schallt die Musik. Von nun an verläuft die Main Street oberhalb der Küste weiter nach Osten. Sie wird gesäumt von Supermärkten, Restaurants, kleinen Malls, Hotels und Guesthouses. Hinter dem Lokal *Bibibip's* [s. S. 50] öffnet sich linker Hand die Zufahrt zum **Mahogany Beach** ⑮, einem kleinen öffentlichen Strand im Grünen mit Bar und Restaurant.

Paradiesgärten und Farnwälder

In den Hügeln südwestlich der Innenstadt laden die **Shaw Park Gardens** ⑯ (Tel. 876-974-2723, tgl. 8–16 Uhr) in ein Zauberreich tropischer Flora ein. Der Botanische Garten mit schönem Blick auf Ocho Rios, mit romantischem Wasserfall, imposanten Baumkolossen, Riesenfarnen, farbenprächtigen Blüten und munteren Kolibris gehörte einst zu einer Zuckerrohrplantage, später stand hier ein Hotel. Archäologen nehmen an, dass an dieser Stelle früher bereits eine Taino-Siedlung existierte.

Die Straße windet sich weiter den Hügel hinauf zum **Coyaba River Garden and Museum** ⑰ (Shaw Park Ridge Rd., Tel. 876-383-1281, www.coyabagardens.com, tgl. 8–17 Uhr), einem entrückten, seligen Ort – Coyaba hieß bei den Taino das unbeschwerte Reich des Jenseits. Neben dem im spanischen Stil gestalteten kleinen *Museum* mit Exponaten zur indianischen Frühgeschichte und zur Sklavenzeit beeindrucken die Ruhe, die schattige Kühle und das üppige Grün der 2 ha großen Anlage mit ihren Spazierpfaden, Bächen, den von Fischen bevölkerten Teichen und den *Mahoe Falls*. Ein *Café* bietet Snacks, ein *Shop* lockt mit schönem Kunsthandwerk.

Wie ein verwunschener Canyon wirkt der 5 km lange **Fern Gully** ⑱. Den urweltlichen einstigen Flusslauf hinauf geht es vorbei an baumhohen *Farnen*. Ihnen zu Füßen wachsen andere Farnarten in kleinen Büscheln zwischen Moosen und schwarzen Felsbrocken, die Canyonwände triefen oft vor Feuchtigkeit. Die Pflanzenwelt des Gully hat allerdings durch die seinem Verlauf folgende Straße, die A3/A1 Richtung Spanish Town, sehr gelitten. Nachdem der Fern Gully wieder aufgeforstet wurde, kann er als Naturdenkmal besichtigt werden.

Musik und Plantagenharmonie

Am östlichen Stadtrand von Ocho Rios passiert die Main Street einige Luxusherbergen, die in traumhafte Parks eingebettet sind, wie Sandals Grande, Royal Plantation und Jamaica Inn mit ihren herrlichen Stränden. Gegenüber der Zufahrt zum Hotel *Royal Plantation* befinden sich die **Irie FM Studios** ⑲ (Coconut Grove, Tel. 876-974-5051, www.iriefm.net). Der beliebte Reggae-Radiosender sorgt für jede Menge Hits und gute Laune An der Grenze zwischen den beiden Parishes St. Ann und St. Mary, 3 km östlich von Ocho Rios, fließt der **White River** ⑳ gemütlich ins Karibische Meer. Unterhaltsam ist eine einstündige Schwimmreifentour auf dem Fluss mit anschließendem Tarzansprung in das *Cool Blue Hole* (Peat Taylor Tours, Tel. 876-975-0028, www.ochoriosjamaicatours.com). Genauso aufregend ist sicher auch die *Jamaica Zipline Canopy Tour* hoch über dem Fluss (Chukka Caribbean Adventure Tours, http://chukka.com, s. S. 42). Etwas weiter oberhalb, bei Bonham Spring, sind die Ufer des White River, der hier Kaskaden und türkisfarbene Naturpools bildet, zu einem hübschen Strandbad mit Restaurant umgestaltet worden. **Irie River** ㉑ liegt inmitten üppiger tropischer Vegetation und ist ein beliebtes Ausflugsziel jamaikanischer Familien.

Die Besichtigung der **Prospect Plantation** ㉒ (an der A3, 7 km östlich von Ocho Rios, Tel. 876-994-1058, www.prospectoutbackadventures.com, Touren nur mit Voranmeldung) ist entspannend und lehrreich zugleich. In einem Farmwagen fährt man an Pflanzungen mit Bananen, Zuckerrohr, Kaffee, Kakao, Cassava und Kokospalmen vorbei, die Begegnung mit Straußen gehört ebenfalls zum Programm. Schön ist die Erkundung des Naturidylls auch zu Fuß über Wanderpfade oder beim Ausritt mit einem Pferd oder einem Kamel. Von *Sir Harold's View* Point, dem Lieblingsausguck des einstigen Besitzers der Plantage, des britischen Parlamentariers und Wirtschaftskapitäns Sir Harold Mitchell, genießt man einen herrlichen Panoramablick über die grünen Hügel aufs Meer, an klaren Tagen sogar bis nach Kuba. Das *Great House* mit seinen aussichtsreichen Salons und seinem herrlichen Garten kann besichtigt werden. Es steht aber auch, genauso wie fünf Villen am Meer, als Ferienhaus zur Vermietung bereit (Tel. 876-994-1373, www.prospect-villas.com).

Kurz hinter Prospect Plantation liegt linker Hand die Zufahrt zum **Reggae Beach** ㉓. Der schöne Strand an einer male-

Prospect Plantation – den Mahogany Tree vor dem Great House pflanzte Churchill 1933

rischen Bucht mitten im Grünen ist wegen seiner entspannten Atmosphäre beliebt. Zu der Anlage gehört eine Bar, an der man neben Getränken auch Speisen wie *Fried Fish and Festival* ordern kann. An manchen Abenden, wie bei den *Friday Nights Sessions*, finden zudem Beach Parties oder Konzerte statt.

Im nahen *Tower Isle* steht **Harmony Hall** 24 (Tel. 876-974-2870, www.harmonyhall.com), das frühere Herrenhaus einer Pimentoplantage. In der 1886 im viktoria-

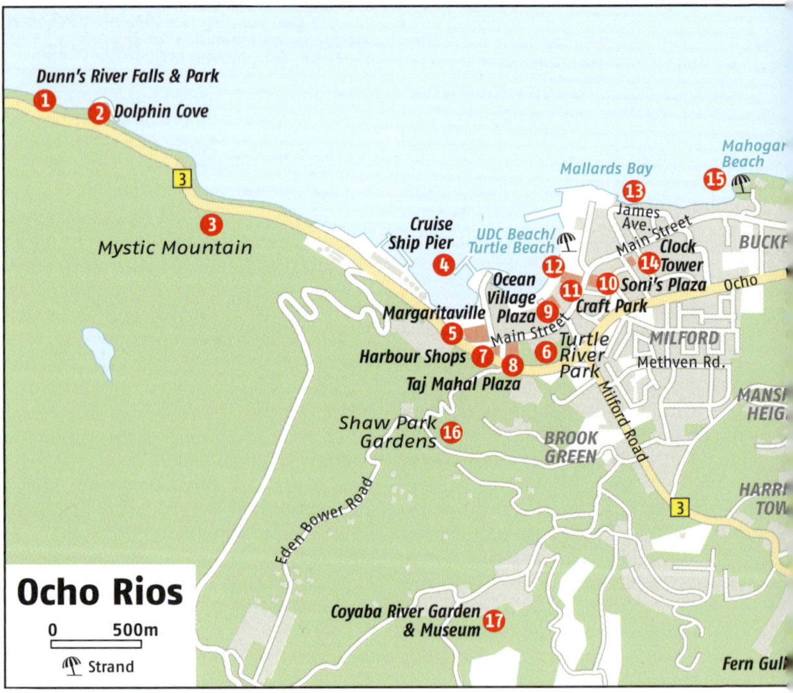

Architekturharmonie – die zierliche Harmony Hall mit Galerie und Restaurant

nischen Lebkuchenstil erbauten und mit filigranem Schnitzwerk verzierten Villa befindet sich eine interessante *Galerie* (Di–So 10–17.30 Uhr) für jamaikanische Kunst. Bekannt ist Harmony Hall auch für sein exzellentes Restaurant *Toscanini*.

Praktische Hinweise

Flughafen

Ian Fleming International Airport, Tel. 876-975-37 34, www.ifia.aero. Flughafen 15 km östlich von Ocho Rios.

Bus

Transportation Centre, Evelyn Street (hinter dem Markt), Ocho Rios. Minibusse und Taxis nach Montego Bay, Oracabessa, Kingston etc.

Taxi

JUTA Tours, Tel. 876-974-22 92

Einkaufen

Wassi Art Pottery Works, 16 Main Street, Great Pond, Ocho Rios, Tel. 876-974-50 44, www.wassiart.com, Mo–Sa 9–17 Uhr. Schöne Künstler- und Gebrauchskeramik mit opulentem karibischen Design, entworfen, produziert und bemalt in der hauseigenen Werkstatt, präsentiert die vielfältige Bildwelt Jamaikas.

Wassersport

Sandals Grande Riviera, Beach Club, Main Street, Ocho Rios, Tel. 876-974-56 91, www.sandals.com. Die exzellente Fünf-Sterne-Tauchschule bietet PADI-Kurse aller Levels. Die Tauchgründe – Korallenriffe, Grotten und ein imposantes Schiffswrack – sind nur wenige Minuten per Tauchboot entfernt.

Kurz vor dem Untertauchen – Dive Boat am Pier des Sandals Grande Riviera

Hotels

*******Sandals Royal Plantation**, Main St., Ocho Rios, östlich vom Zentrum, Tel. 876-974-56 01, www.sandals.com. Das stilvoll-charmante Traumhotel betört mit britisch-kolonialem Flair. Es verfügt über drei Gourmetrestaurants und eine Kaviar & Champagner Bar. Die 74 luftigen Suiten mit Balkon blicken aufs Meer. Ein herrlicher tropischer Garten und zwei Strände mit Bar und Butler-Service, das große Wassersport- und Wellnessangebot sowie zwei Villen runden das Bild perfekt ab.

*******Jamaica Inn**, Main Street, Ocho Rios, Tel. 876-974-25 14, www.jamaicainn.com. Das elegante Hotel mit herrlichem Strand gilt vielen als das schönste Jamaikas. Alle Suiten und Cottages haben Meerblick, einige liegen malerisch auf einer Felszunge über dem Wasser. Zu den Annehmlichkeiten gehört auch der Ocean Spa.

******Shaw Park Beach Hotel & Spa**, Cutlass Bay, östlich von Ocho Rios, Tel. 876-974-25 52, www.shawparkbeachhotel.com. Die farbenfrohe Hotelanlage in einer Privatbucht bietet 94 Zimmer und 12 Suiten am langen Sandstrand.

*****Hibiscus Lodge Hotel**, 83 Main Street, Ocho Rios, Tel. 876-974-26 76, www.hibiscusjamaica.com. Hübsches Hotel mit familiärer Atmosphäre, in Zentrumsnähe und doch ruhig auf Klippen über dem Meer gelegen, mit schönem Garten, Pool, Bar und hervorragendem Restaurant. Über Treppen gelangt man hinab zu der Sonnenterrasse direkt am Meer. Das vorgelagerte Korallenriff lädt zum Schnorcheln ein.

Restaurants

Almond Tree Restaurant, Hibiscus Lodge Hotel, 83 Main Street, Ocho Rios, Tel. 876-974-28 13. Spitzenrestaurant mit jamaikanischen und internationalen Gerichten. Nette Bar auf einer Terrasse über dem Meer.

Miss T's Kitchen, 65 Main Street, Ocho Rios, Tel. 876-795-0099, www.misstskitchen.com. Beste jamaikanische Küche in ruhiger Atmosphäre gleich gegenüber vom Markt.

Mom's, 7 Evelyn Street, Ocho Rios, Tel. 876-974-28 11. Das unscheinbare Lokal unweit des Marktes lockt mit jamaikanischen Spezialitäten wie Curried Goat und Stew Chicken.

Ocho Rios Village Jerk Centre, 8 DaCosta Drive, Ocho Rios, Tel. 876-974-25 49. Feurig scharf gegrilltes Hühnchen, Schweinefleisch oder Fisch und dazu eiskaltes Red Stripe Beer.

Toscanini, Harmony Hall, Tower Isle, 7 km östlich von Ocho Rios, Tel. 876-975-47 85. In dem früheren Plantagenhaus wird wunderbare norditalienische Küche zelebriert (Mo geschl., Reservierung empfohlen).

Unverschämt schön – Blick auf die zur Bar gehörige Terrasse des Hibiscus Lodge Hotels

Nachtleben

Amnesia, 70 Main Street, Ocho Rios, Tel. 876-974-26 33. Disco mit viel Lokalkolorit, hinreißender Musik und einer großen Terrasse zum Abkühlen mit Bar und Bühne. Die Ladies Night am Donnerstag lockt sogar Dancehall Fans aus Kingston hierher.

Jamaica'N Me Crazy, Main Street (im Sunset Jamaica Grande Resort), Ocho Rios, Tel. 876-974-22 01. Hauseigene Disco des Urlaubsresorts. Ausgelassenes Tanzen, laute Musik und eine große Auswahl an Drinks.

Ocean's 11, Lot 6, Fisherman's Point Road, Ocho Rios, Tel. 876-974-68 96. Beliebte Bar auf einer Terrasse über dem Strand am Cruise Ship Pier mit Musik, Karaoke (Di) und schönem Blick auf Ochis Hafen und Hügelkulisse.

14 Oracabessa

Goldenes Haupt mit goldenem Auge und einem rosigen Zukunftsplan.

Die Nachmittagssonne taucht die Küste mit ihren grünen Hügeln in goldenes Licht. Goldenes Haupt, *Ora Cabeza*, tauften die Spanier wohl deshalb den Landstrich etwa 25 km östlich von Ocho Rios. Der zu Beginn des 20. Jh. als Bananenhafen bedeutende Ort Oracabessa, an der Küstenstraße A3 gelegen, verfiel später in einen Dornröschenschlaf. In den 1970er-Jahren versuchte man einen Tiefwasserhafen zu bauen, doch die Meeresströmung ließ die ausgebaggerten Hafenbecken stets wieder versanden. Seit Jahren arbeitet **Chris Blackwell** (*1937) Gründer des Plattenlabels Island Records und einst Musikproduzent für Bob Marley und andere Reggae-Größen, mit seiner Firma *Island Outpost* und der *Oracabessa Foundation* (www.islandoutpost.com) an der Verbesserung der Infrastruktur der Stadt, der Förderung von Bildung und Handel und der Umgestaltung der Oracabessa Bay zum Natur- und Freizeitpark. Bereits verwirklicht wurden unter anderen der *Island Sport Trust*, ein Sportförderprogramm, und der **James Bond Beach**. Neben zwei Stränden, gerahmt von einer herrlichen Hügelkulisse, gehören zu dieser Anlage ein Hotel, ein Restaurant, vielfältige Wassersportangebote und eine Konzertbühne. Außerdem liegt am Rand der Bucht die **Stingray City** (Tel. 876-726-16 30,

Smile Jamaica – Africa Unite: Lutan Fyah bei einem Konzert zu Ehren Bob Marleys am James Bond Beach

auf Voranmeldung). Hier kann man mit Stachelrochen schwimmen und sie streicheln.

Der Name James Bond Beach erinnert an keinen Geringeren als den berühmten Geheimagenten 007 und dessen Schöpfer **Ian Fleming** (1908–1964). Der britische Autor war selbst im Geheimdienst tätig und schloss 1942 mit Jamaika Bekanntschaft. Vier Jahre später kaufte er unweit des heutigen Strandes eine Villa, die er **Goldeneye** (Tel. 876-622-90 07, www.goldeneye.com) nannte und bis zu seinem Tode 1964 während der Winterzeit bewohnte. Hier schrieb er alle 14 James-Bond-Romane, von denen einige auf der Insel spielen. Selbst der Name des Top-Agenten 007 stammt aus Jamaika. Ian Fleming bezog sich auf den Ornithologen und Autor von ›Vögel der Westindischen Inseln‹ (eines seiner Lieblingsbücher) mit Namen Bond – James Bond.

Goldeneye ist heute eines der kreativ gestalteten Anwesen von Island Outpost. Es wurde zu einem tollen *Resort Village* (170 Zimmer) mit Marina, Spa und Lagune ausgebaut.

Einen atemberaubenden Blick voraus auf die Bucht von Port Maria und das dramatische Küstenprofil hat man von **Firefly** (www.firefly-jamaica.com), dem Glühwürmchen genannten Wohnsitz des britischen Multitalents **Sir Noël Coward** (1899–1973) auf einem Hügel östlich von Oracabessa. 18 Jahre hat der Bühnenautor, Komponist, Chansonier und Schaupieler hier gelebt, gearbeitet und vornehme Gäste empfangen, darunter auch die Queen Mother. Das im englischen Cottage-Stil erbaute

Haus ist heute ein Museum und kann im Rahmen einer *Führung* besichtigt werden. Coward hat im Garten, unter einer Steinplatte, seine letzte Ruhestätte gefunden. Ein Bronzedenkmal zeigt ihn entspannt auf einem Stuhl sitzend, mit Blick auf die schöne Küstenlandschaft und das Meer. Besonders stimmungsvoll ist ein Besuch des Anwesens, wenn die untergehende Sonne alles in loderndes orange-rosa-violettes Licht taucht.

i Praktische Hinweise

Touren

Sun Valley Plantation Tours & Trails, Crescent Estate, Orcabessa, Tel. 876-995-3075, tgl. 9–14 Uhr. Eine Führung über die Plantage macht mit den tropischen Früchten und der Geschichte des Anwesens vertraut. Anschließend wird ein Imbiss aus Ackee & Saltfish gereicht.

Hotels

*******Beaches Boscobel**, bei Oracabessa, Tel. 876-975-7777, www.beaches.com. Familienfreundliches All-inclusive-Strandresort mit fünf Restaurants und diversen Sportmöglichkeiten.

****Tamarind Great House,** Crescent Estate, Tel. 876-995-3252. www.tamarind.hostel.com. Schönes Haus mit großzügige Zimmer, Veranda und kleinem Pool, gutes Essen. Vier Meilen bis zum Strand.

Room with a View – fantastischer Fernblick auf Port Maria von Noël Cowards Firefly

15 Port Maria

Einst wichtiger Bananenhafen, heute regionales Marktzentrum.

Wenige Kilometer östlich von Oracabessa liegt Port Maria, die Hauptstadt des *St. Mary Parish*, an seiner halbrunden Bucht, von Bergen gerahmt und mit einer kleinen Insel geschmückt. Der berüchtigte Freibeuter und spätere Gouverneur von Jamaika, Henry Morgan, war einst Herr dieser malerischen Szenerie, die heute von der *St. Mary's Parish Church* (1861) im Westen beherrscht wird. Ein Denkmal vor dem gegenüberliegenden *Courthouse* (1820) erinnert an ›Tacky's Rebellion‹ von 1760. Tacky, Häuptling der kriegerischen Coromantee, hatte mit Hunderten anderer versklavter Afrikaner vergeblich versucht, die Herrschaft der weißen Plantagenbesitzer zu brechen. Er starb im Kugelhagel seiner Verfolger.

Der **Hafen** von Port Maria, bereits von den Spaniern als Puerto Santa Maria gegründet, galt bis in die 1930er-Jahre als einer der wichtigsten *Bananenhäfen* der Nordküste. Die Zeiten sind längst vorbei, und die Stadt – ihr großes Ereignis ist der *Samstagsmarkt* – scheint darauf zu warten, dass ein Prinz sie wachküsst.

Etwa 4 km südwestlich des Ortes breitet sich in den Hügeln die 1817 gegründete Zuckerrohrplantage **Brimmer Hall** (Tel. 876-974-22 44, Mo–Fr 9–15 Uhr, Touren mit Voranmeldung) aus. Zu besichtigen sind das gediegen eingerichtete *Great House* und die Pflanzungen, auf denen Früchte sowie Kaffee- und Kakaosträucher wachsen. Während einer Tour werden die Erzeugnisse der Plantage den Gästen als Snack gereicht.

Auf der Weiterfahrt Richtung Annotto Bay lohnt ein Abstecher nach **Robins Bay**. Das winzige Dorf mit einigen verstreut liegenden Guesthouses und Bars ist Ausgangspunkt für schöne Wanderungen entlang der malerischen Küste zu einsamen Badebuchten und versteckten Wasserfällen.

Gottesburg – die neoromanische St. Mary's Parish Church (19. Jh.) von Port Maria

i Praktische Hinweise

Unterkunft

***Yerba Buena Farm,** Strawberry Field, Robins Bay, St. Mary. Tel. 876 788-5154, http://yerbabuenafarmjamaica.com. Tiefenentspannte Atmosphäre bieten drei sehr schlichte Gasthäuschen auf der ökologisch nachhaltigen Farm.

16 Annotto Bay

Versteckte Strände nicht weit vom ehemaligen Zuckerhafen.

Zu Beginn des 19. Jh. verschifften noch 48 Zuckerrohrplantagen des Umlandes ihre Ernte über den geschäftigen *Hafen* an der Annotto Bay. Doch schon wenige Jahrzehnte später, mit dem Verfall der Zuckerpreise auf dem Weltmarkt, wurde es ruhiger. 1985 stellte die letzte Zuckerfabrik der Region ihre Arbeit ein. Der orange Farbstoff *Anatto*, der hier schon von den Taino aus dem Fruchtfleisch des tropischen Baumes (*Bixa orellana*) gewonnen wurde, gab der Bucht und der Siedlung ihren Namen. Heute präsentiert sich Annotto Bay als stilles Dorf an einer weiten Bucht mit einigen Kirchen. Am Samstag, wenn die Marktfrauen ihre Stände aufbauen, erwacht der Ort jedoch zu munterem Leben.

Mit der Kokosnuss auf Du und Du – die lehrreiche Plantagentour von Brimmer Hall

MARIE'S HOT SPOT BAR

Port Antonio und der Osten – wo Hollywood von Piratenromantik träumte

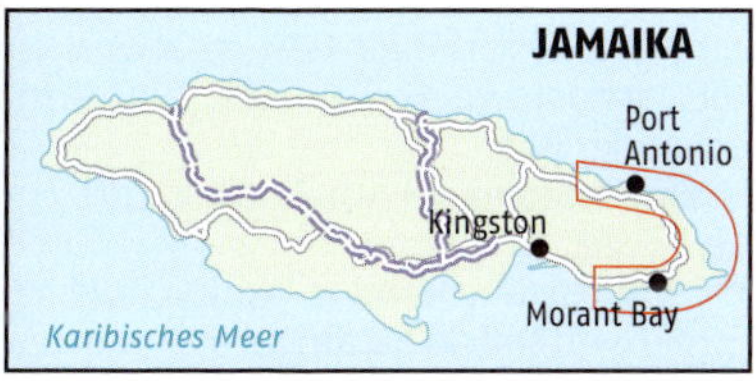

Wie der Kopf einer Schildkröte streckt sich das Ostende Jamaikas ins Karibische Meer. Einen faszinierend ursprünglichen Charakter hat diese vom Tourismus wenig berührte Landschaft. Die dicht bewaldeten Ausläufer der *Blue Mountains* und *John Crow Mountains* drängen sich nah an die Küste heran. Hier, in den regenreichen Parishes *Portland* und *St. Thomas*, liegen verträumte Dörfer im satten Grün überschwänglicher Natur. Der **Rio Grande** entspringt in den John Crow Mountains und fließt in weiten Bögen durch den tropischen Regenwald nach Norden zum Meer. Auf Bambusflößen, die einst Bananenstauden zum Hafen transportierten, gleiten heute Touristen den Spuren des Schauspielers Errol Flynn folgend durch die Dschungellandschaft. Der früher bedeutende Bananenhafen **Port Antonio** gehört heute zu den schönsten Urlaubszentren Jamaikas. Immer wieder öffnen sich zwischen den Felsen Traumbuchten mit samtweichen Sandstränden unter Palmen, die Hotels umgibt eine Aura kontemplativer Stille. Die Küstenstraße führt vom Ort weiter nach Süden, vorbei an einsamen Stränden, zum Wasserfall **Reach Falls** und zu Plantagen, auf denen seit Jahrhunderten Bananen, Zuckerrohr und Kokosnüsse angebaut werden. Jamaika zeigt sich hier ganz ländlich und verträumt.

17 Buff Bay

Bananen, Wasserfälle, Gärten und Ruinen.

Mitten durch Bananenplantagen verläuft die Küstenstraße A4 von Annotto Bay über 20 km in Richtung Osten nach **Buff Bay** im Portland Parish. Das Dorf mit der St. George's Parish Church (19. Jh.) ist umgeben von Bananen- und Kaffeefarmen. Hier zweigt die beschwerliche, panoramareiche B1 ab, die durch die Blue Mountains nach Kingston führt. Folgt man dieser Route, erreicht man **Crystal Springs**, einen Botanischen Garten mit herrlicher Flora und vielen Vögeln, mit Fischteichen, Spazierwegen und Picknickplätzen. Einige Kilometer weiter liegt **Rose Hill**, dessen Bewohner Orchideen züchten. Nur mit Hilfe ortskundiger Führer lassen sich die überwucherten Ruinen einer verwunschenen Zuckerrohrplantage im dichten Dschungel entdecken.

Nahe Buff Bay und Richtung St. Margaret's Bay erinnert in Somerset Falls das Festival **Fi Wi Sinting** (Mitte Febr., www.fiwisinting.com) an die afrikanischen Wurzeln der jamaikanischen Kultur. Geboten werden rituelle Trommel- und Tanzvorführungen wie Kumina, Nyahbinghi und Jonkunoo. Ein afrikanischer Markt offeriert Kleidung, Kunsthandwerk, Bücher und Essen.

Weiter geht es auf der Küstenstraße vorbei am *Blueberry Hill Jerk Centre* (köstlich sind Jerk Pork, Jerk Chicken und Conch Stew) zu den **Somerset Falls** (Tel. 876-913-0108, tgl. 9–17 Uhr). Hier sprudelt und stürzt der *Daniels River*, der weiter stromaufwärts auch von Wildwasserfans befahren wird, durch eine schmale, mit sattem Grün bewachsene Schlucht. Am Fluss entlang geht es zu einem winzigen Canyon, in den man per Boot hineinmanövriert wird, um die pittoresken *Hidden Falls* zu bewundern.

Einige Kilometer weiter im Landesinneren sprudeln die klaren Wasser der **Fishdone Waterfalls** über Felsen hinab,

Oben: *Mann mit Schaukel und Tauen – kontemplative Idylle am stillen Winnifred Beach von Port Antonio*
Unten: *Buntes Fassadendesign belebt das Straßenbild von Buff Bay*

ein angenehmer Ort für ein erfrischendes Bad. Bei der kleinen Kaffeplantage auf demselben Grund kann man frisch gerösteten Kaffee kaufen.

18 Rio Grande

TOP TIPP *Unvergessliche Wasser- und Naturerlebnisse auf den Spuren des Schauspielers Errol Flynn.*

An den fruchtbaren Ufern des majestätisch dahinfließenden Rio Grande werden seit Jahrzehnten Bananen gezüchtet. Früher beluden die Farmer lange **Bambusflöße** mit Bananenstauden und schafften sie auf dem Fluss zur Küste. Der Hollywood-Schaupieler Errol Flynn, der sich Mitte der 1940er-Jahre Port Antonio zum Tummelplatz erkoren hatte, darf als Erfinder einer der beliebtesten Urlaubsaktivitäten Jamaikas gelten. Er kam auf die Idee, statt der Bananen seine illustre Gästeschar auf Flöße zu verladen.

Die Fahrt auf Bambusflößen von *Grant's Level* bei Berridale bis zur Mündung des Flusses in die *St. Margaret's Bay*, die man bei *Portland Experience* (Tel. 876-654-18 93, www.explorejamaica.com.jm) oder anderen lokalen Anbietern buchen kann, gehört zu den schönsten Naturerlebnissen einer Jamaika-Reise. Vom schmalen Floß mit der zweisitzigen Passagierbank kann man imposante Baumriesen und 20 m hohe Bambuspflanzen bewundern. An den Ufern halten Frauen Waschtag, während die Kinder über Flusskiesel und Geröll hüpfen. Die *Rafting Captains* kennen jede Untiefe und Stromschnelle des Rio Grande, aber auch die schönsten Stellen für ein erfrischendes Bad.

Eine besondere Attraktion ist die *Lover's Lane*, eine enge Felspassage, durch die das Gefährt lautlos hindurchgleitet. Errol Flynn soll sie für amouröse Avancen genutzt haben. Unterwegs versorgen schwimmende Bars die Durstigen mit Erfrischungen, an einer Flussbiegung werden Snacks gebruzzelt, an einer anderen Kunsthandwerk verkauft. Bei **Rafters Rest**, kurz hinter der Brücke, auf der die Küstenstraße die breite Mündung des Rio Grande überquert, geht die malerische Flussreise dann zu Ende. Restaurant, Snack Bar und Souvenir Shop laden hier noch zum Verweilen ein.

i Praktische Hinweise

Hotel

****Rio Vista Resort Villas**, St. Margaret's Bay, Tel. 876-993-54 44, www.riovista jamaica.com. Attraktive Ferienhausanlage mitten im Grünen mit Pool und schönen Ausblicken aufs Meer, den Rio Grande und die Blue Mountains.

Gruppenbild mit Dame und Captain: fröhlich-beschauliche Rafting-Partie auf dem Rio Grande

19 Port Antonio

Gemütliche Hafenstadt und zauberhafte Strandbuchten am Rande des Regenwaldes.

Ganz selbstvergessen ob seiner Schönheiten präsentiert sich Port Antonio, die Hauptstadt von *Portland*, doch Atmosphäre und Panorama haben schon viele bezaubert, Urlauber aus aller Welt, aber auch Hollywoodstars, Kapitäne von Bananenschiffen und Finanzmagnaten. Der natürliche Hafen mit seiner malerischen Doppelbucht, das türkisfarbene Meer und das dichte Grün der bewaldeten Ausläufer der John Crow Mountains fügen sich zu einer unvergleichlichen tropischen Landschaftssymphonie. Port Antonio erhebt ebenso wie Montego Bay den Anspruch, die *ersten Urlauber* auf Jamaika beherbergt zu haben. Doch während MoBay heute eine quirlige Touristenhochburg ist, hat Port Antonio seinen kleinstädtischen Charakter bewahrt und gilt vor allem als Refugium für ruhe- und erholungssuchende Feriengäste.

Die Bananenmetropole der Welt

Nachdem die Engländer Mitte des 17. Jh. Jamaika von den Spaniern erobert hatten, fiel es ihnen zunächst schwer, das fruchtbare Land um Port Antonio zu besiedeln. Dank eines *Forts* (1729) auf der Halbinsel zwischen den beiden Buchten und eines Stützpunkts der Kriegsmarine auf dem vorgelagerten *Navy Island* gelang es ihnen zwar, den Ort gegen Attacken von Franzosen und Piraten zu schützen, doch die Gefahr von Überfällen durch Maroons war allgegenwärtig. Die **Windward Maroons** hielten sich in den John Crow Mountains verborgen und führten einen Guerillakrieg gegen die Engländer, bis ihnen diese im Friedensabkommen von 1739 Freiheit und begrenzte Autonomie zubilligten.

Bereits wenige Jahre später hatte man riesige *Zuckerrohrfelder* angelegt. In der 2. Hälfte des 19. Jh. machte sich dann aber die wirtschaftliche Depression rund um die Arbeitskräfte- und Zuckerflaute auch in Port Antonio bemerkbar.

Zu neuem Leben erwachte der Hafen erst wieder dank der **Bananen**. Die Spanier hatten die goldgelben Früchte um 1520 von den Kanarischen Inseln eingeführt, doch sie fanden zunächst ausschließlich als Tierfutter Verwendung. In dem heißen, oft feuchten Klima der Regi-

Kunst am Baum – aus der ›Birne‹ wird bald ein ›Ball‹, dies ist der Werdegang der Brotfrucht

Wo das Brot auf Bäumen wächst

Jamaikas riesiges Heer afrikanischer Arbeitssklaven wollte ernährt werden. Die kostspieligen Importe von Reis und Mais gingen ins Geld. Da erinnerte man sich im Londoner Kolonialamt an den Bericht des Entdeckers James Cook über eine nährstoffhaltige **Brotfrucht**, die auf Tahiti wachsen sollte. Unter dem Kommando von **Captain William Bligh**, der einst zu Cooks Besatzung gehört hatte, ging die ›**HMS Bounty**‹ 1787 auf große Fahrt. Den ersten Offizier Fletcher Christian hatte Bligh in Lucea an der Westküste Jamaikas angeheuert. Nach entbehrungsreicher Fahrt unter dem Regime des autoritären Kapitäns wurden auf **Tahiti** einige Tausend Setzlinge des Brotfruchtbaums (*Artocarpus incisa*) an Bord verstaut. Doch nur wenige Tage nach der Abreise meuterte die Mannschaft unter Führung Fletcher Christians. Captain Bligh und einige Getreue wurden in einem Beiboot ausgesetzt und erreichten nach einem Törn von 5760 km glücklich die Insel Timor, alsbald kehrte Bligh in die Heimat zurück. Die britische Admiralität machte Jagd auf die Meuterer und schickte gleichzeitig Bligh zu einer zweiten Fahrt mit der ›HMS Providence‹ auf die Reise. 1793 konnte der Kapitän endlich die Brotfruchtsetzlinge in **Port Antonio** abliefern. Im Botanischen Garten von **Bath** [Nr. 23] im Osten Jamaikas wachsen noch einige direkte Abkömmlinge der Originalpflanzen aus dem fernen Tahiti. Die beinah kugelrunde hellgrüne **Breadfruit** ist, im Feuer geröstet und in Scheiben geschnitten, noch heute eine der beliebtesten Beilagen im Speiseplan der Jamaikaner.

Erheiternder Stilmix – die nostalgischen Fassaden des Village of St. George in Port Antonio

on gediehen sie besonders gut. Kapitän *Lorenzo Dow Baker*, ein Händler aus den USA, nahm 1871 neben einer Ladung Kokosnüsse auch 1450 Bananenstauden mit auf seine Fahrt in die USA. Er konnte sie dort mit einem derartigen Profit veräußern, dass er zurückeilte, Land kaufte und die *Boston Fruit Company* mit festen Verbindungen zu den Märkten Nordamerikas etablierte. Später schloss sich seine Gesellschaft mit anderen zur **United Fruit Company** zusammen, die viele Jahrzehnte den Fruchtanbau und -handel in der Karibik und in Lateinamerika dominierte. Die Hochkonjunktur brachte Anfang des 20. Jh. auch die ersten Touristen an Bord der Bananenschiffe nach Port Antonio. Der Bananenboom ging Ende der 1930er-Jahren mit der Panamakrankheit, die ganze Plantagen auslöschte, und infolge verheerender Hurrikans unwiderbringlich in die Knie. Gleichwohl ist Port Antonio noch immer der bedeutendste Bananenhafen Jamaikas, und die Frucht steht nach dem Zucker im Lebensmittelexport an zweiter Stelle. Als Erinnerungsmelodie an die Goldenen Zeiten klingt Harry Belafontes ›Banana Boat Song‹ (1956) im Ohr, der die Arbeit der Tagelöhner beschreibt.

Ein anderes Kapitel der Stadtgeschichte schrieb der Hollywoodstar und Frauenheld **Errol Flynn**, der 1946 mit seiner Jacht ›Zaca‹ in den Hafen verschlagen wurde und sich auf Anhieb in den Ort verliebte. Flynn kaufte das von Baker errichtete *Thitchfield Hotel* als Herberge für seine Gäste, erwarb größere Ländereien und Navy Island, wo er wilde Partys veranstaltete. Bis zum plötzlichen Tod des 50-jährigen Schauspielers 1959 galt Port Antonio bei Hollywoods High Society von Bette Davis bis Ginger Rogers als schickes Ziel für ausgefallene Urlaubstrips. Dann wurde es wieder still um die Hafenstadt. Heute verfügt sie über einen modernen Jachthafen und einige schöne Villen und Hotels. Die Liebe Hollywoods gilt nach wie vor den traumhaften Buchten, den Stränden und den Wasserfällen der Umgebung. Vor der Kulisse Port Antonios entstanden Filme wie ›Cocktail‹ mit Tom Cruise, ›Clara's Heart‹ (beide 1988) mit Whoopi Goldberg und ›The Mighty Quinn‹ (1989) mit Denzel Washington.

Stadtgeflüster, Jachthafen und Flynn's Inselidyll

Den schönsten Blick auf Port Antonio, das sich zwischen die beiden Hafenbuchten *East Harbour* und *West Harbour* schmiegt, und auf Navy Island hat man aus der Höhe, von der Zufahrtsstraße zum Anwesen des früheren *Bonnie View Plantation Hotels*, das sich nun in Privatbesitz befindet und nicht zugänglich ist.

Im Zentrum schmückt der viktorianische *Clock Tower* den **Market Square** ①, an dem die beiden Hauptstraßen West Street und Harbour Street zusammentreffen. Nahebei überrascht die Fassade des **Village of St. George** ② (1997), auch *Royal Mall* genannt, durch einen verspielten Architekturmix aus Gotik, Renaissance und Tudor. In der Passage gibt es Geschäfte, Bücherläden, Cafés und ein Fitnesscenter.

Weiter nördlich ragt die schmale hügelige *Titchfield Peninsula* ins Meer. Auf halber Strecke zu deren Spitze passiert man an der Fort George Street die **DeMontevin Lodge** ③. Sie wurde 1881 in viktorianischem Gingerbread Style mit reichen schmiedeeisernen Ornamenten als Wohnsitz eines Kapitäns errichtet, heute ist in dem ehrwürdigen Gebäude ein nettes Hotel [s. S. 63] beheimatet.

An der Spitze der Halbinsel schützte einst das mächtige **Fort George** ④ (1729) mit seinen 22 Kanonen die Hafeneinfahrt. Zwei Kanonen sowie ein Stück der Befestigungsmauer sind noch auf dem Gelände der **Titchfield High School** ⑤ zu besichtigen, an der bereits seit dem Jahr 1875 Schüler unterrichtet werden.

Waffengewalt musste der Charmeur Errol Flynn nur anwenden, wenn es das Drehbuch vorschrieb (›Gegen alle Flaggen‹, 1952)

Auf dem Rückweg Richtung Markt lohnt ein Abstecher zum Jachthafen **Errol Flynn Marina** ⑥ (Tel. 876-715-6044, www.errolflynnmarina.com). Die hübsche An-

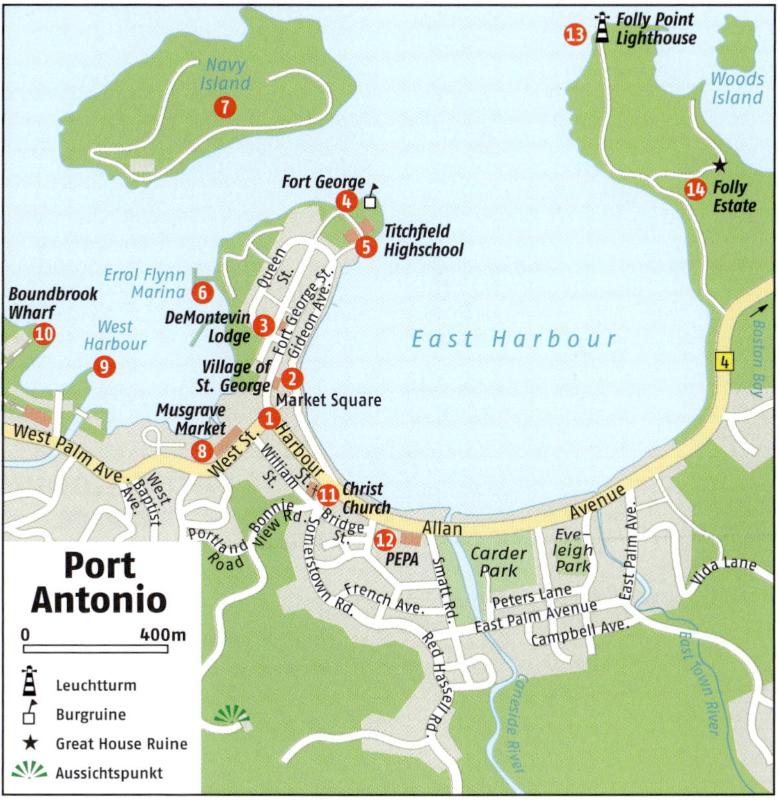

Grünes Makrönchen – Blick vom San San Beach auf eine putzige Kleinstinsel

lage mitten im Grünen verfügt über 32 modern ausgestattete Liegeplätze, ein *Yachthouse* mit allen Annehmlichkeiten für den Zwischenaufenthalt der Seereisenden und den *Ken Wright Cruise Ship Pier* mit Zoll- und Einreisebüro. Ferienfeeling vermitteln der Strand mit einer wunderschönen Aussicht auf die Landschaftskulisse von Port Antonio, ein Pool, eine Bar und eine kleine Kunstgalerie. Auch die PADI-Tauchbasis *Lady G'Divers* (Büro: 2 Somerstown Rd., Tel. 876-715-59 57, www.ladygdiver.com) ist hier angesiedelt. Die Gewässer vor der Küste von Port Antonio bieten zahlreiche ausgezeichnete Tauchgründe.

Vor der Küste liegt das malerischen **Navy Island** 7 (derzeit unzugänglich). Der Name der Insel erinnert daran, dass sie seit 1782 Stützpunkt der Royal Navy war. 1793 legte hier *Captain Bligh* mit Brotfruchtsetzlingen aus Tahiti an. Errol Flynn erwarb die grüne Idylle Ende der 1940er-Jahre, heute gehört sie der Port Authority of Jamaica. Von der Marina führen Spazierwege durch eine gefällige Parklandschaft zu drei Stränden.

Anschließend spaziert man durch die West Street zum (insbesondere Fr/Sa) lebhaften **Musgrave Market** 8. In der Markthalle werden Früchte und Gemüse, Fleisch und Fisch, Kleidung, CDs und Kunsthandwerk verkauft. Nur ein kurzes Stück weiter erreicht man den **West Harbour** 9 mit Grünanlage und Schiffswerft. An der nahen **Boundbrook Wharf** 10 legen Containerschiffe an, welche die noch grünen Bananenstauden nach Nordamerika und Europa transportieren.

Wer vom Clock Tower im Zentrum der Harbour Street nach Osten folgt, trifft zunächst auf die *Somerstown Road*, die nach Nonsuch und in Richtung Moore Town führt. An der Ecke Harbour und Williams Street erhebt sich die aus Backstein errichtete **Christ Church** 11, auch Portland Parish Church genannt. Die 1840 geweihte anglikanische Kirche wurde um 1900 neoromanisch umgestaltet.

In ihrem weiteren Verlauf entlang des fast kreisrunden *East Harbour* geht die Harbour Street in die *Allan Avenue* über. Hier hat **PEPA** 12 (6 Allan Ave., Tel. 876-993-96 32, pepa-jamaica.org), die Portland Environment Protection Association, ihren Sitz. In dem 1988 gegründeten

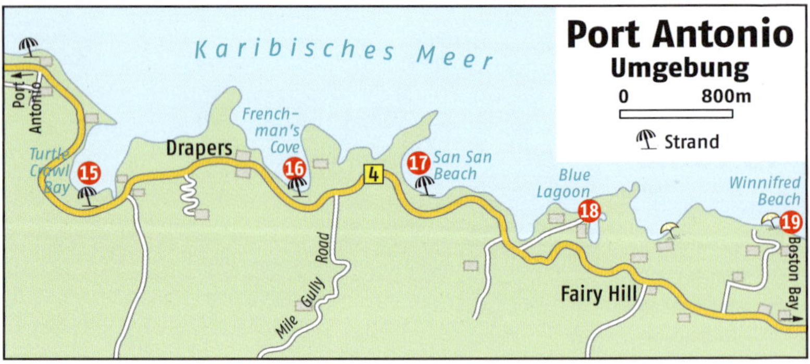

Verband haben sich Natur- und Umweltschützer sowie Hoteliers, das JTB etc. zusammengeschlossen. Zu den Projekten des Verbands gehören der *Port Antonio Marine Park* und der *Conservation Corridor*. Diese Schutzzonen reichen von den Korallenriffen vor der Küste bis zu den Blue Mountains.

Der East Harbour wird im Osten von einer weiteren Halbinsel begrenzt, auf der das **Folly Point Lighthouse** 13 seit 1885 den Schiffen den Weg weist. Unweit erhebt sich das Skelett der **Folly Estate** 14, einer 60-Zimmer-Villa, die sich die amerikanische Industriellenfamilie Mitchell ab 1901 errichten ließ. Schlechtes Baumaterial machte die Residenz schon bald unbewohnbar. Die von weitem dekorativ wirkenden Säulen und Pfleiler entpuppen sich aus der Nähe als Betonruinen, doch eine Fülle von Legenden über Reichtümer und gebrochene Herzen ranken sich bis heute um das Anwesen. Beliebt ist das hier im Juli veranstaltete **Portland Jerk Festival** (Tel. 876-543-12 42), zu dem Besucher von allen Ecken der Insel kommen, um Jerk Food – vor allem Hühnchen und Schweine-, aber auch Lamm- und Ziegenfleisch – und das bunte Rahmenprogramm mit Livemusik zu genießen.

Badefreuden und Höhlendome

Im Osten zwischen Port Antonio und Boston Bay treten die Ausläufer der John Crow Mountains bis an die Küste heran. Zwischen den bewaldeten felsigen Vorsprüngen öffnen sich einige der schönsten Strandbuchten Jamaikas. Die meisten von ihnen gehören zu Hotelanlagen, können jedoch gegen Gebühr auch von anderen Urlaubern benutzt werden.

Eine spitz zulaufende Landzunge verengt die Zufahrt zur fast ovalen **Turtle Crawl Bay** 15. An ihrem Ufer liegt in einem Park das *Trident Hotel* mit dem Trident Castle, einem Fantasieschlösschen aus den 1980er-Jahren.

Eine Bucht weiter bezaubert der halbmondförmige Strand der **Frenchman's Cove** 16. Über den Sand plätschert ein Bach ins Meer, eine Bar inmitten der Idylle versorgt die Badegäste mit Snacks und Getränken.

TOP TIPP

San San Beach 17 heißt die weit geschwungene Bay, die sich mehrere Hotels teilen. Eine Strandbar und beste Voraussetzungen für Schnorchelausflüge sorgen für Zerstreuung. Der *San San Golf Course* (Tel. 876-993-76 45) liegt malerisch im Regenwald, welcher auch ein Vogelschutzgebiet umfasst. Kurz vor Fairy Hill

Höhlenromantik – in den Nonsuch Caves leuchten Tropfsteinformationen im Licht

schneidet eine schmale Bucht in die Küste ein. Das azurblaue Wasser der **Blue Lagoon** 18, einer von Dschungel umgebenen, 60 m tiefen Lagune, wird von kühlen Süßwasserquellen gespeist, denen verjüngende Kräfte nachgesagt werden. Man kann in der Lagune herrlich schwimmen oder bei einer Tour mit dem Bambusboot einen Blick in die blauen Tiefen werfen. Außerdem sollte man ein Stück die Küste entlang fahren, um die *Millionaires Row*, eine Phalanx weißer Villen zu bewundern, die sich von hier bis zur San San Beach aneinanderreihen. TOP TIPP Der **Winnifred Beach** 19 schließlich gehört zu den schönsten und zu den wenigen öffentlichen Stränden der Gegend. Um zur von Palmen gesäumten Strandsichel zu gelangen, muss man in Fairy Hill von der Küstenstraße abbiegen und auf abenteuerlichem Weg zur Küste navigieren. Der andauernde Kampf zwischen Entwicklungsplanern der Regierung, die den Strand privatisieren wollen, und Einwohnern ist noch nicht entschieden.

i Praktische Hinweise

Information

JTB, Montego Bay Convention Centre, Rose Hall, St. James, Tel. 876-952-44 25

Touren

TOP TIPP **The Portland Experience**, Port Antonio, Tel. 876-654-18 93, www.explorejamaica.com.jm. Touren durch Port Antonio, zum Rafting auf dem

Am Busen der Natur und in den Fußstapfen der Maroons – im Regenwald bei Moore Town

Wunschlos glücklich vor sich hin träumen – Hängemattenpanorama im Mocking Bird Hill

Rio Grande, zu den Reach Falls oder Somerset Falls, durch die Blue Mountains und zum Maroons Cultural Center.

Hotels

*******Geejam Hotel**, San San Estate, Port Antonio, Tel. 876-993-70 00, www.geejamhotel.com. Cottages, eine Villa und eine Suite im smarten Luxusdesign beim gleichnamigen Musikstudio mitten im Grünen über der Bucht von Geejam Beach.

******Goblin Hill Villas**, Draper P.A., San San Bach, 9 km östlich von Port Antonio, Tel. 876-925-81 08, www.goblinhill.com. Schöne Villenanlage zwischen Regenwald und Strand mit individuellem Service.

******Jamaica Palace**, Williamsfield, Port Antonio, Tel. 876-993-77 20, www.jamaica-palacehotel.com. Stimmungsvolles neoklassizistisches Hotel (80 Zi. und Suiten) mit einer monumentaler Säulenvorhalle und einem jamaikaförmigen Pool im Park.

TOP TIPP ******Mocking Bird Hill**, Drapers, 6 km östlich von Port Antonio, Tel. 876-993-71 34, www.hotelmockingbirdhill.com, Touren: www.jamaicaexplorations.com. Hübsches Haus (10 Zi.) in Hanglage mit Blick auf die Blue Mountains und das Meer, mit Pool und Kunstgalerie. Das Terrassenrestaurant bietet kreative jamaikanische Küche. Shuttle Service zu den Stränden.

DeMontevin Lodge, 21 Fort George Street, Port Antonio, Tel. 876-715-59 87. Erstklassige, nette Pension mit viktorianischem Ambiente. Die Küche bietet Frühstück und leckere jamaikanische Gerichte am Abend.

Restaurants

Dickie's Best Kept Secret, Cliffside, an der A4, Port Antonio, Tel. 876-809-62 76. Zu erkennen ist dieses Lokal ohne Türschild an den Bananenstauden. Es bietet vorzügliche Meeresfrüchte und andere jamaikanische Delikatessen. Nur mit Reservierung!

Marybelle's Pub on the Pier, Ken Wright Drive, Errol Flynn Marina, Tel. 876-413-97 31. Bar mit Pool und beliebter Bier- und Cocktail-Auswahl. Auch Seafood-Gerichte und Snacks werden hier angeboten. Karaoke, Salsa und Latin sowie regelmäßige *Errol Flynn Movie Nights*.

San San Tropez, Draper P.A., San San Beach, 9 km östlich von Port Antonio, Tel. 876-993-72 13, www.sansantropez.com. Zum hübschen Guesthouse gehöriges hervorragendes Restaurant mit italienischen Speisen wie Pasta mit Meeresfrüchten und Pizza sowie lokalen Spezialitäten.

Woody's Low Bridge Place, Drapers P.A., 6 km östlich von Port Antonio, Tel. 876-993-78 88. Karibische Küche, herzhaft und unverstellt, dazu einige –

Great Expectations, coole Pose – die All Star Bar in Port Antonio mit sprechendem Dekor

auch fantastische vegetarische Hamburger-Variationen.

Yosch Café, 2-4 Fort George Street, Port Antonio, Tel. 876-993-30 53. Lässiges Ambiente in der Royal Mall. Das Frühstück mit Omelette und Kaffee ist besonders zu empfehlen.

Nachtleben

Roof Club, 11 West Street, Port Antonio, Tel. 876-715-52 81. Eine Disco-Legende im urtümlich-jamaikanischen Stil. Neben den akustischen Sensationen fordern sowohl das Publikum als auch die Tanzstile höchste Aufmerksamkeit. Donnerstags ist Ladies Night.

Zum Anknabbern schön – raffiniert gegrilltes Jerk Chicken à la Boston Bay

20 Boston Bay

Eine Pilgerstätte für die Freunde feurig-würziger Grillgenüsse.

TOP TIPP

Bläulicher Rauch steigt von den **Jerk Stands** beiderseits der Durchgangsstraße auf. Der würzige Duft signalisiert, dass Boston Bay, 14 km östlich von Port Antonio, erreicht ist. Die Rezepte für die scharfen Leckerbissen, die hier serviert werden, stammen von den Maroons. Sie rösteten und räucherten schon vor Jahrhunderten das mit Waldkräutern marinierte Fleisch von Wildschweinen über offenem Feuer. Das Holz des Pimentobaumes gab und gibt dem Grillfleisch sein einzigartiges Aroma. Als Beilage zur Portion Jerk Pork oder Jerk Chicken dient meist *Roasted Breadfruit*, geröstete Brotfrucht. Die scharfe *Jerk Sauce* sollte man mit Vorsicht genießen, sonst steigt der Konsum von Löschmitteln wie Red Stripe Beer ins Unermessliche.

Nach all den kulinarischen Leckerbissen kann man an der kleinen Strandbucht **Boston Beach** Sand und Meer genießen. Die Gewässer von Boston Bay eignen sich gut zum Wellenreiten, und es gibt Surfbretter zu mieten. In der Nähe liegt der Landsitz von *Patrice Wymore* (1926–2014), der Witwe des Hollywood-Herzensbrechers Errol Flynn. Auf mehr als 1200 ha Grund werden Kokospalmen angebaut und Rinder gezüchtet.

21 Long Bay

Morgenröte und Surferfreuden am langen Strand.

Fantastische Sonnenuntergänge erlebt man in Negril, doch wie die Sonne morgens orangerot dem Karibischen Meer entsteigt, das sieht man von den Hügeln aus, die den pittoresken langen Sandstrand von Long Bay, 8 km südlich von Boston Bay, säumen. Wenn der Wind auf Nordost dreht und die Brandung anschwillt, dann schlägt die Stunde der **Surfer**, die hier das beste Revier für ihren Sport finden. Ein guter Platz, um auf den Boards hinauszupaddeln, liegt am Nordende der Bucht. Bei weniger extremen Windverhältnissen sind auch die Bedingungen zum Baden am besten. Selbst dann sollte man aber auf gefährliche Unterströmungen achten. Von der ungezähmten Küste angezogen, haben sich in dem kleinen Ort Long Bay einige Künstler niedergelassen, unter ihnen auch der deutsche Schriftsteller *Peter-Paul Zahl* (1944–2011), der mehrere Kriminalromane mit Schauplatz Jamaika schrieb.

22 Reach Falls

TOP TIPP

Schäumende Wasserkaskaden und natürliche Badepools im Dschungel.

Wer die Küstenstraße beim Fischerort *Manchioneal*, 12 km südlich von Long Bay, verlässt und der gut ausgebauten kurvigen Strecke etwa 4 km nach Westen folgt, erreicht nahe dem Dorf *Reach* die beschilderte Abzweigung zu den als Naturpark angelegten Reach Falls (Mi–So 8.30–16.30). Über eine Treppe geht es hinab in die Schlucht am Fuße des Wasserfalls. Das Wasser des *Drivers River* bahnt sich von den John Crow Mountains kommend seinen Weg durch den Dschungel, stürzt über Klippen und schäumt runde Felsbuckel hinunter, wo es gewaltige Whirlpools und seichte Badewannen bildet.

23 Bath

Heiße Quelle mit wundersamen Heilkräften und eigenem Hausgeist.

Hinter Hector's River wendet sich die Straße A4 von der Küste ab, bei *Hordley* nimmt man die Abzweigung nach Westen zum 10 km entfernten Bath. Die Anfahrt auf der Panoramastrecke durch das Tal des *Plantain Garden River* wird nur durch Schlaglöcher getrübt.

Am östlichen Rand des Ortes wurde 1779 der erste **Botanical Garden** Jamaikas eingerichtet, in dem sogar Setzlinge des von Captain Bligh 1793 aus Tahiti eingeführten Brotfruchtbaums [s. S. 57] einen Platz fanden. Der Garten lädt zu einem beschaulichen Spaziergang ein.

Doch nun zu Bath selbst: Die Werbung für einen Jungbrunnen hätte nicht vollmundiger ausfallen können: Das *Bath of St. Thomas the Apostle* versprach Heilung bei Magenschmerzen, Drüsenfieber, nervösen Zuckungen und Rheumatismus. Die mineralhaltige, leicht radioaktive Wunderquelle soll zufällig entdeckt worden

Die vom Driver River gespeisten Reach Falls enden als Badeteich im Dschungel

sein, von einem geschundenen Sklaven, dessen Wunden im warmen Quellwasser schnelle Linderung fanden. Schon um 1700 wurde hier ein Badehaus errichtet, später kamen Unterkunft und Hospital hinzu. Das einst schicke *Heilbad*, in der 2. Hälfte des 19. Jh. beliebter Tummelplatz der ›besseren Gesellschaft‹, lohnt noch immer einen Besuch. Das **Badehaus**, restauriert und durch Einrichtungen wie Jacuzzi ergänzt, liegt im Grünen. Das Heilwasser stammt aus einer heißen (53 °C) und einer kalten *Mineralquelle*, die wohltemperiert gemischt ihre segensreiche Wirkung tun. Das *Hotel* übrigens rühmt sich eines *Hausgeistes*, der sich gelegentlich durch Türenschlagen, hastige Schritte oder Zigarrengeruch bemerkbar machen soll.

i Praktische Hinweise

Hotel

Bath Fountain Hotel & Spa, Bath, Tel. 876-703-43 45. Das Hotel untersteht dem Ministerium für Tourismus und ist Teil des nostalgischen Heilbades. Das Restaurant bietet jamaikanische Snacks.

24 Morant Point Lighthouse

Herrlicher Weitblick vom Leuchtturm an der Ostspitze Jamaikas.

Ein Fahrzeug mit Vierradantrieb sollte man schon haben, um sich von der Küstenstraße A4 beim Flecken *Golden Grove* (2 km südlich von Hordley; aktuelle Informationen über die Route einholen!) auf den holprigen, von Mangrovensümpfen gesäumten Weg über Spanish Wood zum *östlichsten Punkt* Jamaikas zu machen. Das inzwischen heruntergekommene rot-weiß gestreifte Morant Point Lighthouse wurde 1841 aus vorgefertigten gusseisernen Bauteilen von den *Kru* bzw. *Krumen* errichtet, einer Gruppe freier Afrikaner, die als Arbeiter ins emanzipierte Jamaika einreisten. Von der Aussichtsplattform in 30 m Höhe (nicht immer zugänglich) hat man einen fantastischen Blick auf Landschaft und Meer, nach Südwesten bis zum traumhaften Strand von *Rocky Point Bay*. Ein Badestopp lohnt sich dort und am *Golden Shore Beach* etwa 5 km weiter südlich. An der A4 weist ein Schild die Richtung zu dem Sandstrand mit nettem Hotelresort.

25 Morant Bay

Bezirkshauptstadt mit düsterer Vergangenheit.

An der Südküste, etwa 21 km von Golden Grove entfernt, liegt auf einem Hügel Morant Bay, die Hauptstadt des *St. Thomas Parish*. Im Zentrum stehen das nach einem Brand restaurierte **Courthouse** (1865) und eine Bronzestatue *Paul Bogles* (1965, Edna Manley), der vor der Brust eine Machete hält. Das Denkmal erinnert an ein trauriges Kapitel der Inselgeschichte. Nach dem Ende der Sklaverei 1838 ging es den schwarzen Jamaikanern weiterhin miserabel. Wer als Plantagenarbeiter beschäftigt war, konnte aufgrund niedriger Löhnen kaum existieren. Das den Schwarzen zugeteilte Land war so schlecht, dass es wenig Erträge brachte. Es kam zu Protesten, und als am **11. Oktober 1865** der Prediger Paul Bogle einen Demonstrationszug zum Gerichtsgebäude anführte, um die Freilassung eines Bauern zu erwirken, eröffnete die Miliz das Feuer. *Gouverneur Edward Eyre* verhängte das Kriegsrecht über die Region. Er ließ Armee und Polizei ausrücken, um die **Morant Bay Rebellion** niederzuschlagen. *George William Gordon*, ein reicher Mulatte und einst Mitglied der gesetzgebenden Versammlung, wurde derweil in Kingston verhaftet, weil er mit der Sache der Bauern sympathisierte. Er wurde nach Morant Bay gebracht und hier verurteilte ihn ein Militärgericht zum Tode durch den Strang. Ein ähnliches Schicksal ereilte auch Paul Bogle. 600 weitere Schwarze wurden ›auf der Flucht erschossen‹ oder von Henkershand gerichtet. Die Orgie der Gewalt fand in England ein heftiges Echo. Eine königliche *Untersuchungskommission* wurde eingesetzt, die Eyres wegen seines brutalen Vorgehens verurteilte und seines Amtes enthob. Die Kolonie stand fortan unter direkter Aufsicht der Krone. Die Märtyrer der Rebellion, Bogle und Gordon, wurden 1962, als Jamaika seine Unabhängigkeit erlangt hatte, zu *Nationalhelden* erklärt.

Während des Aufruhrs wurden große Teile Morant Bays ein Opfer der Flammen. Hinter dem Courthouse sind noch die Überreste des **Morant Bay Fort** von 1758 zu erkennen. Westlich davon erhebt sich die anglikanische **Christ Church** (1881) auf den Fundamenten ihrer Vorgängerbauten. Inschriften gedenken der zahlreichen Opfer der Rebellion.

Gefiedert und gestreift – das Morant Point Lighthouse und zwei Palmen in der Seebrise

26 Yallahs

Zwei Salzseen und eine Klippe als gewaltiges Gottesurteil.

Zuweilen leuchtend rot erscheinen die beiden durch eine schmale Landzunge vom Meer getrennten **Salt Ponds** östlich von Yallahs. Bei großer Trockenheit und brütender Hitze blühen hier Bakterien, die dieses Farbphänomen hervorrufen. Der *Yallahs River* entspringt in den Blue Mountains und erreicht die Südostküste einige Kilometer weiter westlich bei *Poor Mans Corner*. Der Fluss bewässert die Kaffeeplantagen in den Bergen und versorgt über eine Pipeline die Metropole Kingston mit Trinkwasser.

Die etwa 300 m hohe Erhebung namens **Judgement Cliff** bei *Llandewey* entstand 1692. Das Erdbeben, das damals Port Royal [Nr. 29] zerstörte, verursachte hier einen Erdrutsch, der der Überlieferung zufolge eine ganze Plantage unter sich begrub. Der Besitzer, ein grausamer Sklavenhalter, wurde mit verschüttet. Es schien, als habe der Himmel ein Urteil (*judgement*) gesprochen und die Klippe wie einen riesigen Grabhügel über dem Übeltäter aufgeschüttet.

27 Bull Bay

Dorf nahe Kingston mit Rastafari Camp, Stränden und Nachtleben.

An der Grenze der Parishes St. Thomas und St. Andrew liegt der Ort Bull Bay mit einem bekannten Rasta Camp mit Namen **The Ethiopia Africa Black International Congress**. Hier leben etwa 200 Rastafari vom Orden der *Boboshanty*, zu erkennen an ihren hoch aufragenden, in Tücher gewickelten Dreadlocks. Sie nennen sich die Gerechtesten (*most righteous*) und gelten als sehr geschäftstüchtig. Ihre handgemachten Besen z. B. verkaufen sie auf der ganzen Insel. Im Camp auf am Fuße der Weisse Road, auch Bobo Hill genannt, sind Besucher willkommen, doch es gilt einige Regeln zu befolgen, die am Eingang erläutert werden. Bei der informativen Führung (gegen Spende, anmelden unter Tel. 876-578-67 98) durch das Camp mit Versammlungsplätzen, Wohn- und Gebetshäusern kann man auch die herrliche Aussicht auf Küste, Meer und die Kingston Bay genießen.

Westlich von Bull Bay liegen die idyllischen **Cane River Falls**, die über einen Treppenweg zu erreichen sind. Sie sollen ein Lieblingsbadeplatz von Bob Marley gewesen sein. Wer es etwas munterer mag, den zieht es an die nahe gelegenen belebten **Strände**. Nachts verbreiten hier einige Klubs Partystimmung.

EMPIRE BUILDING

Kingston und der Südosten – Metropole am Fuße der Blauen Berge

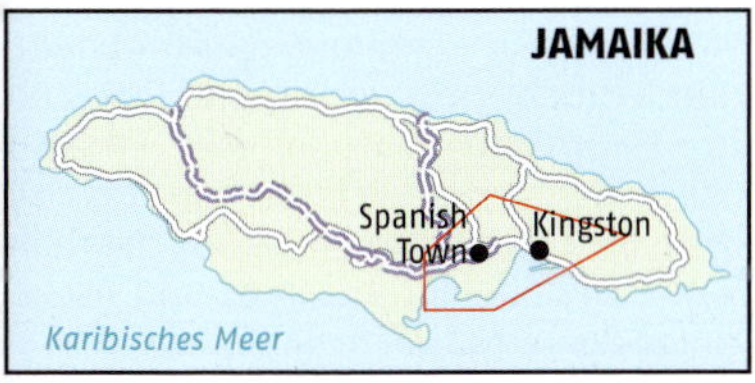

Zwischen der großen Kingston Bay im Süden und den Berghängen der Blue Mountains im Norden breitet sich **Kingston** aus, die moderne Hauptstadt Jamaikas. Fast wie eine eigene Welt wirkt diese Metropole im Vergleich zum lieblich-ländlichen Jamaika drum herum. In der ›King's Town‹ werden Politik und Geschäfte gemacht, hier ragen Bankhochhäuser und Luxushotels in den Himmel, und Käufer schlendern durch Shopping Malls nach amerikanischem Zuschnitt. Die Stadt mit ihren Museen und der Universität, mit Musikstudios, Theatern und Ballett entfaltet eine bunte, einflussreiche Kulturszene. Doch zugleich treten nirgendwo sonst auf Jamaika die sozialen Unterschiede krasser zu Tage als hier, zwischen den Ghettos und Shanty Towns der Besitzlosen westlich von *Downtown* und den Villenvierteln der Wohlhabenden in *Uptown*.

Auf Entdeckungstour geht es von der Metropole in die herrliche Bergwelt der **Blue Mountains**. Nur wenige Straßen queren von Süd nach Nord das Gebirge. Eine schmale, kurvige Strecke führt von Kingston über **Newcastle** bis nach Buff Bay, eine etwas angenehmere Route geht über **Castleton** nach Annotto Bay. Im Süden überwiegen tropischer Bergwald und steile Hänge, an denen Obst, Gemüse und Kaffee angebaut werden. – Der *Blue Mountain Coffee* gehört zu den begehrtesten und teuersten Kaffeesorten der Welt. – Die Nordhänge des Gebirges wiederum bedeckt dichter Regenwald.

Urlaubsstimmung für Kingstonians und Gäste ermöglichen Inselchen wie *Lime Cay* und Strände wie **Hellshire Beach** in der Kingston Bay. Und die Reste der einst sagenhaft reichen Piratenstadt **Port Royal** locken mit Geschichten über das Sündenbabel der Karibik auf die bretteben erscheinende Halbinsel Palisadoes hinaus. Etwas weiter westlich lädt Kingstons einst stolze Vorgängerin, die alte Kapitale **Spanish Town**, zu einer Stippvisite ein. In dieser Gegend finden sich viele Zeugnisse der bewegten Vergangenheit Jamaikas, von den Höhlenzeichnungen der Taino bei *Guanaboa Vale* bis zu den Festungsbauten der britischen Kolonialmacht in *Port Henderson*.

28 Kingston

Regierungs- und Kulturmetropole mit interessantem Straßenleben.

Kingston (950 000 Einw.) ist die Hauptstadt Jamaikas und zugleich Geschäfts- und Universitätszentrum. Die größte englischsprachige Metropole im mittel- und südamerikanischen Raum ist inzwischen mit Portmore und Spanish Town quasi zusammengewachsen, sodass in diesem Gebiet heute über 1 Mio. Menschen leben. Wer abends von der Terrasse eines Restaurants an den Hängen der Blue Mountains auf Kingston herabblickt, gewahrt ein glitzerndes Lichtermeer, das die ganze weiträumige Ebene ausfüllt – bis zur Küste, wo sich der **Kingston Harbour** öffnet, einer der größten natürlichen Häfen der Welt. Auf zwei Seiten ist die Stadt durch Höhenzüge gerahmt. Im Norden erheben sich die *Blue Mountains*, im Osten schieben sich *Long Mountain* und *Dallas Mountain* wie zwei Riegel quer vor die Stadtgrenze. Im Westen aber setzt sich die Ebene in Richtung Portmore und Spanish Town fort.

Oben: *Bauklötzchen-Architektur mit eingestreuten Farbakzenten – Blick auf Kingstons Downtown und die Landzunge Palisadoes*
Unten: *Grün wie Samt und Brokat – prachtvoll schimmern die Blue Mountains*

Am Scheitelpunkt der riesigen Bay liegt der älteste Teil Kingstons, die im Schachbrettmuster konzipierte *Downtown* mit dem Saint William Grant Park und der ihn umgebenden Parade-Straße, mit Märkten, Museen und Kirchen. Weiter im Norden, jenseits des National Heroes Park, beginnt das von Hotels und Shopping Malls, von Geschäfts- und Villenvierteln geprägte *New Kingston*, auch Uptown genannt.

Werden und Wandel der Königsstadt

Bis zum verheerenden Erdbeben von 1692, das den größten Teil der Stadt *Port Royal* an der Einfahrt zur Bay zerstörte, war Kingston auf den Landkarten Jamaikas nicht zu finden. Das sumpfige Gelände am Nordufer der Bucht hatte sich bis dahin nur für die *Schweinezucht* als geeignet erwiesen. Doch nun ließen sich Flüchtlinge aus Port Royal [Nr. 29], der zerstörten Piratenhochburg, hier nieder und eine Siedlung entstand. Viele Fracht- und Sklavenschiffe fanden den Weg in den geschützten Hafen, er avancierte zu einem Dreh- und Angelpunkt des Handelsverkehrs. Ende des 18. Jh. lebten bereits mehr als 11000 Menschen in der Boomtown, doch es sollte noch bis zum Jahr 1872 dauern, bis auch der Sitz der Kolonialregierung aus dem verschlafenen *Spanish Town* in die aufstrebende Handelsmetropole umzog und Kingston zur **Hauptstadt** von Jamaika ernannt wurde. Das gewaltige Erdbeben von 1907 legte die Downtown Kingstons mit ihrer Kolonialarchitektur in Schutt und Asche. Einige der historischen Bauten wurden in der Folgezeit rekonstruiert. Eine neue Blütezeit begann in den 1960er-Jahren mit der Sanierung des Hafenviertels und dem Bau des Kreuzfahrthafens **Port Bustamante**. Gleichzeitig entstand das Geschäftsviertel New Kingston. Der Aufschwung zog Tausende von Landflüchtigen in die Stadt und ihre sich nun schnell ausdehnenden Ghettos. Die 1970er- und 1980er-Jahre brachten scharfe politische Auseinandersetzungen, die die beiden Parteien JLP und PNP mithilfe bewaff-

Wo sich die Sonneninsel in Szene setzt – das 1912 eröffnete Ward Theatre von Kingston

neter Schutzverbände zu gewinnen trachteten. Folgen waren *Straßenkämpfe*, bürgerkriegsähnliche Zustände, wirtschaftliche Stagnation und ein Niedergang des zuvor von Kreuzfahrtschiffen geprägten *Tourismus*. Noch heute werden politische und soziale Konflikte in den von Gangs regierten Slums ausgetragen, und es versteht sich von selbst, dass *Ghettos* wie Trench Town und Jones Town westlich des Hafens für Erkundungstouren auf eigene Faust tabu sein sollten.

Grundsätzlich sind Besucher gehalten, dieselbe Umsicht walten zu lassen wie in anderen Großstädten der Welt, und es empfiehlt sich, die Besichtigung von Downtown in Begleitung eines lokalen Führers oder per Taxi vorzunehmen.

Downtown und Waterfront: ein kunstsinniges Straßentheater

Wie eine Insel liegt im Herzen der Downtown *The Parade*, der einstige Paradeplatz britischer Soldaten, auf dem sich heute der nach einem schwarzen Gewerkschaftsführer der 1930er-Jahre benannte **William Grant Park** ❶ befindet. Bäume und ein Springbrunnen rahmen die Statuen der politischen Rivalen und Gründerväter des modernen Jamaika, *Alexander Bustamante* und *Norman Manley*. Vom Rande des Parks schaut auch ein würdiges Standbild der *Queen Victoria* dem städtischen Treiben zu.

Als opulente Kulisse der Parade präsentiert sich die blau, türkis und weiß rhythmisierte neoklassizistische Fassade des **Ward Theatre** ❷ (Tel. 876-922-04 53, wardtheatrefoundation.com, wegen Restaurierung für unbestimmte Zeit geschl.), das 1912 von Charles Ward, dem damaligen ›Rumkönig‹ Jamaikas, errichtet wurde. An dieser Stelle gab es schon seit 1777 eine Bühne.

Leben und Arbeit eines Nationalhelden dokumentiert **Liberty Hall – Marcus Garvey Museum** ❸ (76 King Street, Tel. 876-948-86 39, Mo–Fr 10–16 Uhr) weiter nördlich. Die multimediale Schau über *Marcus Mosiah Garvey* (1887–1940), Urvater der Black Power Bewegung und Idol der Rastafari, ist in der rekonstruierten

Mutter und Kind, Sonnenschirm und Ampel im Gartenvorhof der Liberty Hall

Liberty Hall ansässig, dem 1923 etablierten Hauptsitz und Versammlungshaus von Garveys UNIA (United Negro Improvement Association).

Die Methodistenkirche **Coke Memorial Hall** 4 an der East Parade wurde 1840 anstelle des vom Missionar Thomas Coke stammenden Vorgängerbaus errichtet. Ganz in Weiß steht im Südosten der Parade, an der weiter in Richtung Waterfront führenden King Street, die **Kingston Parish Church** 5 (1699). Das Innere der nach dem Erdbeben 1907 erneuerten Kirche schmücken Grabmonumente und Denkmäler für Honoratioren und Soldaten.

Ein Besuch der **St. Andrews Scots Kirk** 6 zwischen Mark Lane und Duke Street wird zum Erlebnis, wenn der renommierte *National Choir* hier ein Konzert gibt. Das von schottischen Kaufleuten gestiftete Gotteshaus wurde Anfang des 19. Jh. über achteckigem Grundriss errichtet. Die Fassade schmückt eine pfeilergestützte Galerie.

Auf dem Weg zum Hafen führt ein Abstecher zum 1879 gegründeten **Institute of Jamaica** 7 (10–16 East Street/Tower Street, Tel. 876-922-0620, www.instituteofjamaica.org.jm) mit dem *National History Museum* (www.nhmj-ioj.org.jm, Mo–Do 9–16.30, Fr 9–15.30 Uhr). Zur Sammlung gehören präparierte Insekten, Schildkröten, Vögel, ein Krokodil, das Diorama eines Korallenriffs und geologische Fundstücke. Außerdem führen interaktive Exponate in die Flora und Fauna Jamaikas ein. Die gleichfalls hier ansässige *Science Library* bietet eine Fülle wissenschaftlicher Informationen, die *National Library of Jamiaca* (Tel. 876-967-2496, www.nlj.gov.jm, Mo–Do 9–17, Fr 9–16 Uhr) hütet große Bestände zu Geschichte und Kultur der Insel.

Drei Männer unter sich – die Skulptur ›Negro Aroused‹ von Edna Manley erinnert in ihrer Formensprache an Werke Ernst Barlachs

Das Hafenviertel präsentiert entlang des *Ocean Boulevard* imposante moderne Architektur, darunter die Bank of Jamaica und das Jamaica Conference Centre. Ein künstlerischer Glanzpunkt ist hier die schwergewichtige, sich gen Himmel aufbäumende Bronzehalbfigur **Negro Aroused** 8 (1978) von Edna Manley. Die Urfassung dieses Denkmals, das die Befreiung der Sklaven symbolisiert, ist eine 1935 entstandene Holzplastik der Künstlerin in der Nationalgalerie.

TOP TIPP Die **National Gallery of Jamaica** 9 (12 Ocean Blvd., Tel. 876-922-1561, http://natgalja.org.jm, Di–Do 10–16.30, Fr 10–16, Sa 10–15 Uhr) wartet mit der bedeutendsten Kunstsammlung der Insel auf. Sie reicht von präkolumbischer Zeit bis in die Gegenwart. Zu den Glanzpunkten der Sammlung zählen die ausdrucksstarken Skulpturen von *Edna Manley* (1900–1987). Die Gattin des Politikers Norman Manley initiierte mit ihren Werken die Emanzipation der jamaikanischen Kunst von europäischen Vorbildern. Weitere repräsentative Exponate stammen von Milton Harley, John Dunkley, Mallica ›Kapo‹ Reynolds, Karl Parboosingh und Louisa ›Ma Lou‹ Jones. Die Arbeiten bewegen sich zwischen naiver, abstrakter und auf afrikanische Kunst zurückgehender Bildsprache. Ein großes Ereignis im Kingstoner Kulturkalender stellt die zweijährliche Kunstshow *National Biennial* dar. Sie präsentiert die Avantgarde der jamaikanischen Kunstszene.

Ebenfalls hier ansässig ist das zum Institute of Jamaica gehörige **African Caribbean Institute of Jamaica** 10 (Tel. 876-922-4793, http://acij-ioj.org.jm, Mo–Do 8.30–16.30, Fr 8.30–15.30 Uhr). Unter besonderer Berücksichtigung des afrikanischen Erbes dokumentiert das Institut die jamaikanische Geschichte, wie sie auch in mündlichen Überlieferungen greifbar wird, z. B.

Mystisch-munteres kinetisches Denkmal für Nanny of the Maroons im National Heroes Park

anhand von Video-Interviews mit Zeitzeugen. Seiner Initiative ist es zu verdanken, dass die UNESCO 2004 die *Moore Town Maroon Music* mit ihren aus der Sklavenzeit tradierten Gesangstilen, den Arbeits- und Kampfliedern, in die Liste der Meisterwerke des mündlichen Weltkulturerbes aufnahm.

Geht man den Ocean Boulevard weiter nach Westen, sieht man das **Ferry Terminal** 11 des Hafens, von dem die Boote nach Port Royal ablegen (mehrmals täglich), und erreicht den in einer Gusseisenhalle (1872) untergebrachten **Craft Market** 12 (Mo–Sa) mit seinem vielfältigen Angebot an Holzskulpturen, Malereien, Stroh- und Korbwaren.

Auf dem Rückweg ins Zentrum nimmt man die in nördlicher Richtung verlaufende **Duke Street** 13, in kolonialen Zeiten eine renommierte Geschäftsadresse vor allem für Anwaltskanzleien. Im eleganten **Headquarters House** 14 (79 Duke Street, Mo–Fr 9–16.30 Uhr) aus dem Jahre 1755, einst Stadtvilla eines reichen Kaufmanns, befand sich bis 1872 die Kommandozentrale der britischen Kolonialtruppen. Später tagten hier die Abgeordneten der gesetzgebenden Versammlung von Jamaika (bis 1960). Heute beherbergt das Gebäude die Zentrale des *Jamaica National Heritage Trust* (Tel. 876-922-12 87, www.jnht.com), der für den Denkmalschutz auf der Insel verantwortlich ist. Von der historischen Austattung erhalten sind der mit Porträts berühmter Jamaikaner geschmückte Sitzungssaal und ein Aussichtsturm mit Blick über Downtown und Hafen.

Das Parlament kommt heute im gegenüberliegenden modernen **Gordon House** 15 (Ecke Duke/Beeston Street, Tel. 876-922-02 00) zusammen. Es wurde nach dem 1865 wegen Anstiftung zum Aufruhr hingerichteten Abgeordneten *George William Gordon* benannt. Wer die interessanten Parlamentsdebatten von der Zuschauertribüne aus verfolgen möchte, sollte sich vorher anmelden.

Weiter nördlich steht an der Duke Street die 1881 errichtete und nach dem Erdbeben im Jahr 1907 erneuerte **Jewish Synagogue Shaare Shalom** 16 (Mo–Do 10–16 Uhr, Tel. 876-922-59 31, http://ucija.org) der jüdischen Gemeinde von Kingston. Sie und ihr alter Friedhof sind einen Besuch wert.

Am Rand der Downtown schließlich liegt der **National Heroes Park** 17, von Kingstonians noch immer *Racecourse* genannt. Tatsächlich galoppierten bis in die 1950er-Jahre hier Pferde um das Oval, dann wurde die Galopprennbahn nach *Caymanas Park* bei Portmore verlegt. Im Süden des Parks erhebt sich der *Shrine of Monuments*, der Ehrenhain mit Denkmälern für die Nationalhelden Jamaikas: Sam Sharpe, Paul Bogle, George William

Gordon, Marcus Mosiah Garvey, Alexander Bustamante, Norman Manley und Nanny, die sagenumwobene Anführerin der Windward Maroons aus dem 18. Jh. Seit 1962 wurden diese sieben Jamaikaner unter dem Ehrentitel ›The Right Excellency‹ zu National Heroes ernannt, einige von ihnen sind auch hier bestattet. Außerdem befinden sich die Grabstätten des Premierministers Michael Manley († 1997) und der Dichterin Louise Bennet-Coverly († 2006) im Hain.

Uptown – Spaziergang mit Königen und Millionären

Über die Maresceaux Road oder Slipe Road erreicht man anschließend *Cross Roads*, die Nahtstelle zwischen Downtown und New Kingston. Dieser Stadtteil wird von der nordöstlich verlaufenden *Old Hope Road* und der nordwestlich verlaufenden *Half Way Tree Road* gerahmt. Die nördliche Querverbindung zwischen diesen beiden Verkehrsadern stellt die *Hope Road* her.

Südwestlich der Old Hope Road, am No. 4 Tom Redcam Drive, befindet sich das **Little Theatre** 18 (Tel. 876-926-6129, www.ltmpantomime.com), Heimstätte des *Little Theatre Movement*, welches seit 1941 Kingstons Theaterszene prägt. Berühmt sind die Aufführungen der *National Pantomime* (26. Dez.–Mai). Vor meist ausverkauftem Haus wird dieses bedeutende Musical- und Kabarettereignis zelebriert. Es ist voll von deftigen Anspielungen auf Alltagsleben, Politik und Wirtschaft Jamaikas. Zu dem qualitätvollen Spielplan des Theaters gehören außerdem Auftritte der *National Dance Theatre Company* (Tel. 876-631-5849, www.ndtcjamaica.com, Juli/Aug.) und der *Jamaica Folk Singers*. Die Werkstattbühne *Little Little Theatre* hat sich innovativen Bühnenproduktionen verschrieben.

Der Arthur Wint Drive führt zum *Independence Park* mit Kingstons Sportolymp, dem **National Stadium** 19 für Leichtathletik und Fußball, sowie zur *National Arena*, in der u. a. Reggae-Konzerte stattfinden.

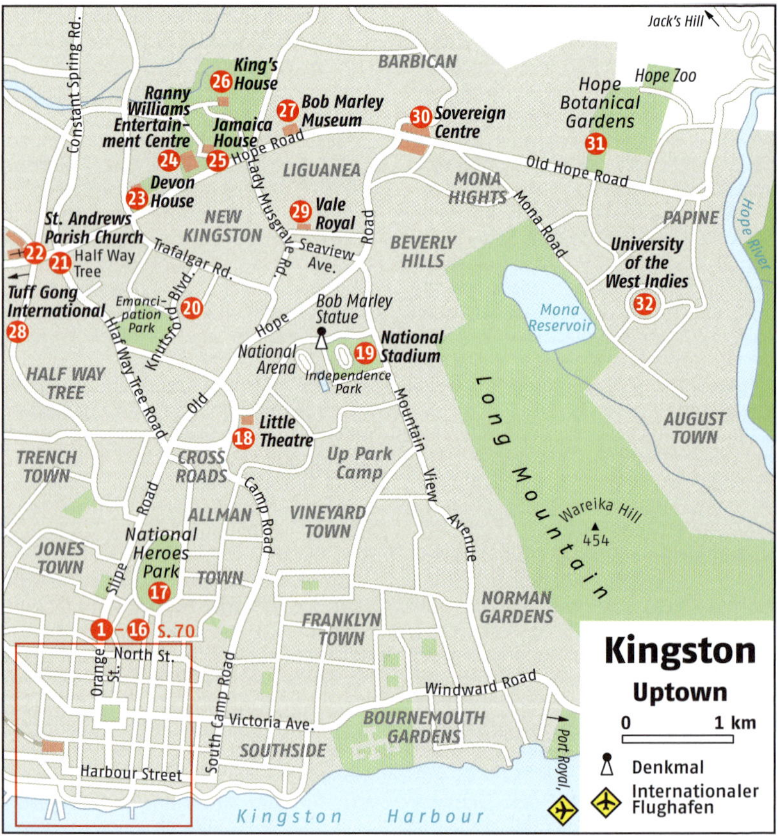

Das Devon House setzte 1881 neue Maßstäbe für die Wohnkultur schwarzer Jamaikaner

Die Statue des begeisterten Fußballamateurs Bob Marley am Parkeingang vervollständigt das Ensemble.

TOP TIPP Hoch her geht es im Independence Park während des **Jamaica Bacchanal** (www.bacchanaljamaica.com). Jedes Jahr von März bis April wird im *Mas Camp* (National Stadium North) nachts ausgelassen gefeiert. Dann tanzen frech bis prächtig kostümierte Show Girls und allerlei Party People zur Musik von Soca und Calypso Bands aus Jamaika und Trinidad. Höhepunkt des Karneval-Fiebers sind die Festumzüge und Straßenparties des *J'ouvert* am Wochenende Mitte April.

Weiter östlich ragen entlang des **Knutsford Boulevard** 20 die Hotelhochhäuser etwa des *Jamaica Pegasus* in den Himmel. Ihnen zu Füßen liegt das Geschäftsviertel New Kingston mit seinen Malls, Restaurants, Nachtklubs, Botschaftsgebäuden und dem *Emancipation Park*. Die Grünanlage mit Springbrunnen, Konzertbühne, Jogging Pfad und Skulpturengruppe erfreut sich großer Beliebtheit.

Westlich vom Park verläuft die Half Way Tree Road zum *Clock Tower*, dort, wo einst ein großer Baumwollbaum, der **Half Way Tree** 21, die halbe Wegstrecke zwischen den Garnisonsstädten Port Henderson und Newcastle markierte. Die Straßenkreuzung mit ihren Shops und Malls gehört zu den betriebsamsten Verkehrsknotenpunkten Kingstons. Vom zweigeschossigen *Bus Terminal* gehen Busse auf die Fahrt zu verschiedenen Orten der Insel. An der Kreuzung Eastwood Park und Hagley Park Road erhebt sich die **St. Andrews Parish Church** 22, ein schlichtes Backsteingebäude, eingerahmt von einem alten Friedhof. Die Gründung der Kirche geht auf das Jahr 1666 zurück, der heutige Bau mit seinen hübschen Glasmalereien stammt von 1700 (später mehrfach verändert).

TOP TIPP Von der Half Way Tree Road gelangt man über die Hope Road zum **Devon House** 23 (26 Hope Rd., Tel. 876-929-66 02, www.devonhousejamaica.com, Mo–Sa 9.30–17, Läden: Mo–Sa 10–18, Restaurants Mo–Sa 10–22, Park: tgl. 9.30–22 Uhr), das in einem von Königspalmen beschatteten Garten liegt. George Stiebel, der erste schwarze Millionär Jamaikas, ließ sich diese prächtige *Stadtvilla* 1881 errichten, nachdem er ein Vermögen in den Goldminen von Venezuela ge-

›Play I some Music‹ – in den 1970er-Jahren stand der Reggae-Sänger Bob Marley am Anfang einer großen Karriere

Soul Rebel und King of Reggae

Eine unverwechselbare Stimme und Ausstrahlung, der hypnotische Rhythmus der Reggae Music und Texte, die Herz und Seele anrühren, machten Bob Marley als ersten Musiker eines Landes der Dritten Welt zum Superstar. Seine Songs haben Kultstatus und erobern noch heute, über 30 Jahre nach seinem Tod, immer wieder als Remakes die internationalen Hitparaden.

Robert Nesta Marley wurde am 6. Februar 1945 im Dorf Nine Mile [Nr. 11] in St. Ann als Sohn der schwarzen 17-jährigen Cedella Malcolm und des weißen 51-jährigen Plantagenaufsehers Captain Norval Marley geboren. Bob Marley verbrachte seine Jugend im Kingstoner Ghetto **Trench Town**, wo in den 1960er-Jahren auch seine Musiklaufbahn begann. Marleys Band hieß **The Wailers**. Die Gründungsmitglieder Bunny Livingstone ›Wailer‹ und Peter Tosh starteten später gleichfalls erfolgreiche Solokarrieren als Sänger.

Das im Jahr 1973 veröffentlichte Album ›Catch A Fire‹, erstmals produziert in Zusammenarbeit mit **Chris Blackwell** auf dessen Island Records Label, markierte den internationalen Durchbruch Marleys und machte den jamaikanischen Reggae weltweit bekannt. In den folgenden Jahren produzierte der Sänger und Gitarrist Alben wie ›Kaya‹, ›Natty Dread‹, ›Exodus‹, ›Rastaman Vibration‹, ›Survival‹ und ›Uprising‹, die heute als Ikonen der Musikgeschichte gelten. Seine Lieder waren mitreißend, ihre **Botschaft** ergreifend, rebellisch und hoffnungsvoll. Marley prangerte zwar Unterdrückung und Rassismus an, fand aber im gewaltlosen Widerstand und im selbstverantwortlichen, positiven Lebensentwurf die Gewissheit auf Erlösung. In seiner Musik und seinem Handeln offenbarte der **Soul Rebel** die Stärken und Tugenden eines Rastafari, getragen von Toleranz und Liebe zu den Menschen.

Nach dem Anschlag auf sein Leben während der politischen Parteikämpfe 1976 [s. S. 77] kehrte Marley Jamaika den Rücken. Erst 1978 zum berühmten **›One Love Peace Concert‹** kam er nach Kingston zurück. Während seines Auftritts bat er die politischen Erzfeinde Michael Manley (PNP) und Edward Seaga (JLP) auf die Bühne und vereinte beider Hände zu einer Geste der Versöhnung. Als Botschafter des Friedens wurde Marley auch nach Afrika gerufen, wo er 1980 die Unabhängigkeit **Simbabwes** mit einem Konzert zelebrierte.

Doch damals fiel ein dunkler Schatten auf sein Leben. Als er dann am 11. Mai 1981, im Alter von 36 Jahren, in Miami an Krebs starb, betrauerte die Musikwelt den Verlust eines ihrer großen Idole. Auf Jamaika lebt der **Mythos** Bob Marley fort, in der Verehrung der Rastafari für einen ihrer Helden, in den jungen Sängern und Sängerinnen, die sein musikalisches Erbe fortführen, und in seiner Familie, die die Erinnerung durch Musikproduktionen sowie durch soziale und künstlerische Stiftungen wachhält.

macht hatte. Das zweigeschossige Gebäude, heute *National Heritage Site*, wirkt heiter und luftig. Schmuckelemente wie der anmutige Brunnen, die zierliche Freitreppe, die von schlanken Säulen getragene Vorhalle und der Balkon der Beletage beleben den von eleganten hohen Fenstern durchlichteten Baukörper, der ebenso wie das Dach mehrfach zurückgestuft ist. Das *Innere* ist mit europäischen und karibischen Möbeln, Antiquitäten und Gemälden geschmückt. In den Nebengebäuden und früheren Stallungen locken Läden mit Kunsthandwerk, Mode und Souvenirs, darunter *Wassi Art Pottery, Cooyah* und *Things Jamaican*, der Eissalon *I-Scream*, das Pub *The Grog Shoppe* und das Restaurant

Norma's on the Terrace, wo jamaikanische Gaumengenüsse geboten werden. Devon House veranstaltet auch viele Events rund um Kunst, Kunsthandwerk, Kulinaria.

Auch das **Ranny Williams Entertainment Centre** 24 mit dem *Louise Bennet Garden Theatre* an der Hope Road ist Schauplatz von Events und Konzerten.

Von weiten Grünflächen gerahmt präsentiert sich das 1960 errichtete **Jamaica House** 25. Der frühere Amtssitz des Premierministers ist öffentlich nicht zugänglich. Im 1694 errichteten **King's House** 26 (www.kingshouse.gov.jm, Besichtigung nur nach schriftlicher Voranmeldung) mit Blick auf den herrlichen Park residiert der Generalgouverneur als Vertreter der britischen Queen. Eine Tour führt durch die Empfangssäle, das Speisezimmer und den Ballsaal. Allenthalben blicken die Porträts der Gouverneure und Royals von den Wänden herab.

Nicht weit von hier lebte bis 1981 ein anderer ›King‹. 1975 hatte der Reggae-Musiker Bob Marley das stattliche Haus an der Hope Road als Domizil und Musikstudio erworben. Heute fungiert es als **Bob Marley Museum** 27 (56 Hope Road, Mo–Sa 9.30–16 Uhr, Tel. 876-978-29 29, www.bobmarleymuseum.com). Auf dem Vorplatz, den heute eine Statue Bob Marleys mit Gitarre schmückt, spielte dieser einst gern mit den *›Wailers‹* und anderen Freunden Fußball. In den *Tuff Gong Studios* fanden sich täglich Reggae-Größen ein, um Aufnahmen für ihre neuen Platten zu produzieren. In diesen Studios wuchsen auch Bob Marleys Kinder in die Musikszene hinein. Sie gründeten später die Band *›Ziggy Marley & The Melody Makers‹*.

TOP TIPP

Auf der 60-minütigen *Tour* durch das Museum werden die Stationen einer großartigen Karriere wieder lebendig. Ein Raum mit Einschusslöchern erinnert aber auch an das *Attentat* auf Bob und Rita Marley während des Wahlkampfes 1976, unmittelbar vor dem ›Smile Jamaica Concert‹, mit dem Premierminister Michael Manley die aufgebrachten Massen hatte besänftigen wollen. Marley wurde leicht verletzt und absolvierte dennoch die Bühnenshow. Andere Zimmer zeigen Gold- und Platin-LPs, Bühnenkostüme, Zeitungsausschnitte und Kulissen aus Marleys Frühzeit im Ghetto von Trench Town. Die Wohnräume und ihre Ausstattung verdeutlichen wie er als gläubiger Rastafari lebte. Nebengebäude bergen Souvenirshops, eine Fotoausstellung und ein Kino. Hier sieht man einen bewegenden *Dokumentarfilm* über Bob Marley mit Aussschnitten von Interviews und Konzerten. Ital Food serviert das kleine *Legend Café* beim Haupteingang.

Die von Bob Marleys Sohn Ziggy geleiteten Studios **Tuff Gong International** 28 (220 Marcus Garvey Drive, Tel. 876-923-93 80, www.tuffgong.com, Besichtigung auf Anfrage) sind heute im Südwesten von Kingston nahe Port Bustamante beheimatet. Hier spielen Stars aus Jamaika, der Karibik und den USA ihre Aufnahmen ein und nehmen Videos auf. Es gibt auch eine Produktionsstätte, wo Platten gepresst bzw. CDs produziert werden.

Im Viertel Liguanea südlich der Hope Road erhebt sich **Vale Royale** 29 (Ecke Musgrave/Montrose Road), die Residenz des Premierministers mit schönem Park. Das 1694 für den reichsten Mann Jamaikas, Sir Simon Taylor, erbaute Herrenhaus ist seit 1928 in Regierungsbesitz. Es besticht durch eine breite Holzveranda und einen jener hölzernen Turmaufsätze, die den im Handel tätigen Hausherren einst als Aussichtskanzeln dienten. So konnten sie das geschäftige Kommen und Gehen im Hafen bequem von zu Hause aus beobachten.

›Reggae, my Life‹ – in Bob Marleys einstiger Residenz an der Hope Road dreht sich noch immer alles um ihn und seine Musik

Die Hope Road führt von hier weiter nach Osten und mündet beim **Sovereign Centre** 30 mit seinen attraktiven Läden und Restaurants in die Old Hope Road.

Am Rande von New Kingston, mit Blick auf die Blue Mountains, breiten sich auf dem Gelände einer früheren Plantage die **Hope Botanical Gardens** 31 (auch Royal Botanical Gardens, Old Hope Road, Tel. 876-970-35 05, www.moa.gov.jm, tgl. 5.30–18 Uhr) aus. Die 1880 angelegten Gärten begeistern mit exotischen Baumriesen, hübschen Blumenbeeten, Palmen-Allee, Coconut Museum und Orchideenhaus. Angeschlossen ist der kleine *Hope Zoo*.

Gegenüber öffnet sich der weitläufige Campus der **University of the West Indies** 32 (www.mona.uwi.edu), Lernstätte für etwa 11 000 Studenten. Das schöne Gelände kann man im Rahmen von *The Mona Campus Culture and Heritage Tour* (Tel. 876-977-54 82) erkunden. Als hier die Zuckerpflanzung *Mona* in Betrieb war, erfolgte die Wasserversorgung mittels eines imposanten *Aquädukts*, dessen Bogenstellungen noch abschnittsweise erhalten sind. In einem restaurierten Zuckersilo, das von Trelawny hierher versetzt wurde, ist die *Universitätskapelle* beheimatet. Einen Besuch wert ist auch der gut sortierte *Bookshop* der UWI mit Publikationen zu Kultur und Wissenschaft in Jamaika und der Karibik.

i Praktische Hinweise

Information

JTB, 64 Knutsford Blvd., Kingston, Tel. 876-929-92 00, www.visitjamaica.com

Fahrender Sänger – Luciano auf der Molynes Rd. unweit des Cell Block Recording Studios

Flughäfen

Norman Manley International Airport, Palisadoes, Kingston, Tel. 876-924-84 52, www.nmia.aero

Tinson Pen Aerodrome, West Kingston, Tel. 876-923-00 22. Nationale Flüge.

Bus

Bus Terminals, Downtown westlich der Parade und Uptown am Half Way Tree. Busse zu allen Orten der Insel (*Jamaican Urban Transit Co. Ltd.*, Tel. 876-754-54 77 www.jutc.com).

Taxi

JUTA Tours, Tel. 876-952-08 13, www.jutatoursltd.com

Einkaufen

Busha Browne's, 38 Beechwood Ave., Kingston, Tel. 876-906-03 47, www.bushabrowne.com. Köstliche und pfeffrige Saucen und Gewürze nach alten Plantagenrezepten.

Frame Centre Gallery, 5 Ardenne Rd., Tel. 876-978-3980, http://framecentregallery.com. Namhafte Galerie für Gegenwartskunst.

Sangster Bookshop, Mall Plaza, Constant Spring Rd., Kingston, Tel. 876-926-22 71, www.sangstersbooks.com. Die ganze Bandbreite karibischer Publikationen von Fotobänden über Gedichteditionen bis zu Sachbüchern über Kultur, Geschichte und Musik.

The Puma Store, Tropical Plaza, Constant Spring Rd., Kingston, Tel. 876-905-23 49. Jamaikanische Sport-Mode à la Usain Bolt, schicke Taschen, Hüte usw.

Hotels

*******Courtleigh Hotel & Suites**, 85 Knutsford Blvd., Kingston, Tel. 876-929-90 00, www.courtleigh.com. Modernes Businesshotel mit guter Ausstattung und dem Mingles Pub, einem beliebten After-Work-Treffpunkt der Kingstonians.

TOP TIPP *******Jamaica Pegasus**, 81 Knutsford Blvd., Kingston, Tel. 876-926-36 91, www.jamaicapegasus.com. Angenehmes, gut geführtes Hochhaushotel (300 Zi.) mitten in New Kingston. Das Haus verfügt über drei Restaurants, Bar und Pub, Spa, Pool mit Springbrunnen und einen hübschen Park mit Jogging Pfad und Tennisplätzen.

******Spanish Court Hotel**, 1 St. Lucia Ave., Tel. 876-926-00 00, www.spanishcourt

Wie ein romantisches Landschaftgemälde – Hope Botanical Gardens und die Blue Mountains

hotel.com. Schickes Hotel in der Nähe des Knutsford Boulevards, mit künstlerischem Touch, Designerzimmern, Pool, Gourmet-Café und Terrasse

******Terra Nova**, 17 Waterloo Rd., Kingston, Tel. 876-926-22 11, www.terranovajamaica.com. Luxuriöses Hotel mit gediegen eingerichteten Suiten, mit Pool, Fitness Centre und exzellentem Restaurant.

*****Williams Guest House**, 23 Kings Gate, 52–54 Hope Rd., Kingston, Tel. 876-328-40 94. Apartments im Townhouse-Stil in der Nähe des Bob Marley Museum.

****Mikuzi Studios,** 5 Upper Montrose Rd., Tel. 876-978-48 59, www.mikuzistudios.com. Gemütliche saubere Zimmer und Apartments mit Küchenzeile, mit liebevoll gestalteten Gärtchen und Veranden.

Restaurants

Boon Hall Oasis, 4 River Rd., Stony Hill, Kingston, Tel. 876-942-16 21, www.boonehalloasisja.com. Ein schöner Platz für ja-

Kunstkosmos Kingston – das Wandgemälde auf dem Campus der University of the West Indies

Eine glückliche Familie – die Bolts bei der Leichtathletik-WM in Berlin

Potzblitz – Usain Bolt und die schnellste Nation der Welt

Über den schnellsten Mann der Welt wird viel geschrieben. Ob **Usain Bolt** (*1986, www.usainbolt.com) ein Übermensch sei, wird gegrübelt. Am laufenden Band bricht er Weltrekorde, als wenn's gar nichts wäre, und hat auch noch Spaß dabei. Das hat es noch nie gegeben. Selbst Wissenschaftler zucken ratlos mit den Schultern, denn das Phänomen Bolt widerlegt alle bisherigen Erkenntnisse aus Mathematik und Biomechanik. Mit 1,93 m ist er für einen Sprinter eigentlich viel zu groß und doch läuft er Spitzengeschwindigkeiten von 45 km/h. Da kommt niemand mehr mit. Seine Konkurrenten, die Sportreporter und die Zuschauer langen sich nur noch verdattert an die Köpfe, wie vom Blitz getroffen.

Seit der **Olympiade 2008** in Peking hält der musikverliebte und tanzfreudige neue Superstar der Leichtathletik mit Nicknamen *Lightning Bolt* (Blitz) die Sportwelt in Atem. China verließ er als dreifacher Olympiasieger mit drei neuen Weltrekorden (100 m – 9,96 Sek., 200 m – 19,20 Sek., 4 × 100 m – 37,10 Sek.). Bei der **WM 2009** in Berlin verbesserte er seine Weltrekorde über 100 m (9,58 Sek.) und 200 m (19,19 Sek.) und holte drei Titel. Bei den **Olympischen Spielen 2012** in London gewann er wiederum drei Goldmedaillen im Sprint und stellte mit 0,63 Sek. einen neuen olympischen Rekord auf. Damit ist Usain Bolt der schnellste Athlet in der Geschichte und ein Idol der großen **Sportnation Jamaika**. Kein Wunder, dass Berichterstatter den Ausnahmesportler in einem Atemzug mit dem Ausnahmemusiker Bob Marley nennen.

Usain Bolt ist einzigartig, doch ein Einzelfall ist er in Jamaika nicht. Gemeinsam mit seinen Teamkollegen und konkurrierenden Freunden *Asafa Powell* und *Yohan Blake* feierte er schon viele Siege, etwa in den 4 × 100 m Staffeln von Peking, Berlin und London.

Apropos London: 2012 gewann das jamaikanische **Leichtathletik-Team** 12 Medaillen, jeweils vier Mal Gold, Silber und Bronze. Die ferne Heimatinsel versank bei jedem Sieg im Freudentaumel. In Kingston stand am helllichten Tag der Verkehr still, während Fahrzeughalter und Passanten auf dem Asphalt tanzten und herbeigeeilte Hausfrauen mit ihren

From Jamaica to Berlin – Triumphzug der Supersprinter Usain Bolt und Asafa Powell

Topfdeckeln den Tusch dazu schlugen. Statt von den Olympics sprach man nur noch von den *Jalympics*. Beim 100 m Finale der Frauen gelang es Jamaika als erstem Land der Welt, die drei Spitzenplätze zu besetzen. **Shelly-Ann Fraser** holte Gold (10,78 Sek.), und Silbermedaillen gingen an *Karron Stewart* und *Sherone Simpson*. In London 2012 sprintete Shelly-Ann Fraser über 100 m wieder zum Sieg, während die Bronzemedaille an ihre Mannschaftskollegin *Veronica Campbell-Brown* ging. Fraser ist die erste Athletin, die zugleich Olympia- und WM-Gold errang.

Nicht jeder Fan, der heutzutage Usain Bolts Pose des Blitzeschleuderers imitiert, weiß, wie weit die Erfolgsgeschichte der jamaikanischen Leichtathletik zurückreicht. Bei der Olympiade in London **1948** überraschte die Karibikinsel die Welt mit einem Doppelsieg über 400 m durch **Arthur Wint** und **Herb McKinley**. Spätestens seit den 1980er-Jahren gehören jamaikanische Sportler zu den Hauptakteuren bei allen internationalen Wettkämpfen, darunter Lennox Miller, Don Quarrie, Merlene Ottey, Juliet Cuthbert, Veronica Campbell, Danny McFarlane, Aleen Bailey, Sherika Williams und Nesta Carter. Hinzu kommen in Jamaika geborene Weltklassesprinter wie Linford Christie, Donovan Bailey oder Sanya Richards, die unter fremder Flagge für Furore sorgten.

Der **Leistungssport** wird in Jamaika staatlich gefördert, und viele Schulen verfügen über exzellente Trainingsprogramme. Schon die jüngsten Sportler messen sich bei Wettkämpfen wie den *VMBS Girls and Boys Athletics Championships*, kurz **Champs** genannt, angefeuert von bis zu 30 000 Zuschauern.

Doch manch einer lernt sprinten, lange bevor er im Stadion Rekorde bricht. Schon mit vier Jahren war der kleine Usain kaum zu bändigen, auch beim Essen wollte er partout nicht stillsitzen. Der Arzt riet den besorgten Eltern, der Junge brauche viel Bewegung. Fortan lief er gegen seinen Vater, der selbst auf dem Fahrrad bald keine Chance mehr gegen seinen flinken Sohn hatte. Erster ist Usain Bolt noch heute, doch inzwischen bewundern ihn nicht nur die Bewohner seines Heimatdorfes *Sherwood Content* im hügelreichen Cockpit Country von Jamaika. Jetzt kennt ihn die ganze Welt.

maikanischen Lunch und exzellenten Sonntags-Brunch (Do–Sa 12–16, So 10.30–15 Uhr, Reservierung empfohlen).

Chelsea Jerk Centre, 7 Chelsea Ave., Kingston, Tel. 876-926-63 22. Täglich Jerk-Spezialitäten zu günstigen Preisen.

East Japanese Restaurant, 67 Constant Spring Road, Tel. 876-960-39 62. Köstliche Sushi und Sashimi, mit frischen Fisch und Meeresfrüchten oder vegetarisch, Salate und Suppen.

Guilt Trip, Devon House, 26 Hope Road, Kingston, Tel. 876-977-51 30. Das Café serviert selbst Gebackenes und innovative karibische Fischgerichte.

Hot Pot, 2 Altamont Terrace, Kingston, Tel. 876-929-39 06. Jamaikanische Genussfaktoren wie Ackee & Saltfish oder Stew Chicken machen das Lokal zu einem beliebten Treffpunkt der Kingstonians.

TOP TIPP **Norma's on the Terrace**, Devon House, 26 Hope Road, Kingston, Tel. 876-968-54 88. In stilvollem Ambiente und mit Gartenblick werden jamaikanische Kreationen gemäß hoher Kochkunst geboten (So geschl.).

The Grog Shoppe, Devon House, 26 Hope Road, Kingston, Tel. 876-906-71 65, www.grogshoppejm.com. Kleine karibische Köstlichkeiten und Salate, Bier und Cocktails genießt man im Pub oder auf der Terrasse (So geschl.).

Nachtleben

Fiction, 67 Constant Spring Road, Tel. 876-631-80 38, www.fictionloungeja.com. Eleganter Nightclub mit Lounge, großer Tanzfläche, internationalen DJ's und guten Cocktails.

Passa Passa Wednesdays, Spanish Town Road, Tivoli, Kingston. Wilde Straßenparty mit Dancehall Music und aufregenden Tanzgruppen nahe Downtown.

TOP TIPP **The Quad**, 20–22 Trinidad Terrace, Kingston, Tel. 876-754-78 23 (Achtung: Dresscode, z. B. keine Turnschuhe für Frauen). Jamaikas ultimatives Partyzentrum auf drei Etagen. Christopher's Jazz Café bringt coole Musik in gediegener Kulisse. O_2xygen und Voo-Doo Lounge (Mi, Fr/Sa) kredenzen das Fetzigste aus Dancehall, HipHop, R & B.

Weddy Weddy Wednesdays, Stone Love Headquarters, 41 Burlington Ave., Kingston. Straßenfest des berühmten Sound Systems in Uptown.

Fort Charles war eine von sechs Festungen, die das sagenhaft reiche Port Royal bewachten

29 Port Royal

Der größte Teil der einst gefürchteten Piratenhochburg liegt heute auf dem Meeresgrund.

Mit dem Fährboot vom *Ferry Terminal* am Ocean Boulevard in Kingston kann man in 30 Min. über die Bay zum Anleger von Port Royal übersetzen. Vom *Bus Terminal* unweit der Kingstoner Parade benötigt der Minibus einige Minuten länger, um über die schmale Halbinsel **Palisadoes**, vorbei am Norman Manley International Airport, bis an die äußerste Spitze der Landzunge zu gelangen.

Im 17. Jh. galt Port Royal, damals auf einer Insel an der Einfahrt der großen Bay gelegen, als eine der bedeutendsten *Hafenmetropolen* der Karibik. Die lebhafte, von sechs Forts gerahmte, unendlich reiche **Piratenhochburg** zählte im Jahr 1692 rund 8000 Einwohner (das waren doppelt so viel wie 40 Jahre zuvor auf ganz Jamaika gelebt hatten). Am 7. Juni des Jahres jedoch riss ein mächtiges *Erdbeben* einen großen Teil der Stadt ins Meer, 3000 Bewohner wurden Opfer der Katastrophe. Die strategisch günstige Lage des geschundenen Port Royal rief wenig später die britische Marine erneut auf den Plan. Sie baute den Hafen zu einem wichtigen **Flottenstützpunkt** aus. Erst im Laufe des 19. Jh. zog sich die Marine aus Port Antonio zurück. Von dem alten Glanz und legendären Ruf als wildes Sündenbabel blieb schließlich nichts mehr als ein kleiner verschlafener Fischerort, und so präsentiert sich Port Royal bis heute.

Aus den Schießscharten des trutzigen **Fort Charles** (Tel. 876-967-8438, www.jnht.com, tgl. 9–16.45 Uhr) im Südosten des Ortes ragen immer noch drohend Kanonenrohre hervor, doch die Festung dient seit langem nur noch als Museum. Bereits 1655 legten die Engländer den Grundstein für das Fort, das im Laufe der Jahre mehrfach umgebaut wurde. Als einziges der sechs Forts überstand es das Erdbeben von 1692. Das kleine *Maritime Museum* im Hof der Backsteinburg präsentiert heute Funde aus der Frühzeit der Besiedlung sowie Dokumente, Schiffsmodelle und ein Stadtmodell aus der Zeit vor der Zerstörung. Vorbei an der inneren Wehrmauer gelangt man zum Ausguck *Nelson's Quarterdeck*. Der 20-jährige Marineoffizier Horatio Nelson führte 1777 das Kommando über die Anlage und soll von hier nach feindlichen französischen Schiffen Ausschau gehalten haben. Nicht weit entfernt vermittelt der beim Erdbeben von 1907 aus dem Gleichgewicht geratene Munitionsbunker, heute *Giddy*

House genannt, ein gewisses Schwindelgefühl, vor allem, wenn man versucht, im schiefen Innenraum herumzulaufen. Auch die benachbarte mächtige *Victoria & Albert Battery* des Forts wurde damals aus der Verankerung gerissen.

Nordwestlich des Forts ragt die ungewöhnliche Gusseisenskelettkonstruktion des riesigen **Old Naval Hospital** auf. Die in England vorgefertigten Bauteile gelangten per Schiff nach Jamaika. Das 1742 errichtete Marinelazarett wurde nach einem Brand 1819 erneuert und war bis 1905 in Betrieb.

An der zentralen Church Street erhebt sich die 1726 errichtete **St. Peter's Anglican Church**. Der äußerlich schlichte Bau verfügt über eine hübsche Innenausstattung, besonders kunstvoll ist die aus Mahagoni und Zedernholz geschnitzte Orgelempore (1743).

Das **Old Goal House** (17. Jh.) in der Goal Street übrigens stammt noch aus der Zeit vor dem Erdbeben. Es diente einst als das Gefängnis von Port Royal.

Seit Jahren gibt es Pläne, die Überreste der im Wasser versunkenen Stadtviertel in großem Rahmen zu erforschen und touristisch zu inszenieren. Gläserne Röhren sollen es eines Tages ermöglichen, in den versunkenen Straßen zu schlendern. *Bojen* vor der Küste markieren die Lage einiger versunkener Kirchen und Forts. Bei einem Tauchgang mit einem der lizensierten Anbieter vor Ort kann man das jamaikanische ›Atlantis‹ erkunden.

Ausflug

Wer einige Stunden auf einer Robinsoninsel fernab des Getümmels von Kingston verbringen will, kann an der Bar in der Marina beim *Morgan's Harbour Hotel* in Port Royal einen Bootsausflug (Fahrtdauer: ca. 20 Min.) nach **Lime Cay** buchen. Die unbewohnte und begrünte Koralleninsel scheint samt ihrer weichen Sandstrände auf dem türkisfarbenen Wasser zu treiben. Während der Woche hat man das Eiland fast für sich allein, und mit einem Picknickkorb ausgestattet kann man hier

Sündenbabel – plötzlich vom Meer verschluckt

Nachdem die britische Flotte 1655 den Spaniern die Kolonie Jamaika entrissen hatte, galt Port Royal jahrzehntelang als wichtigster Hafen der **Buccaneers**, die mit einem Freibrief Ihrer britischen Majestät ausgestattet den voll beladenen spanischen Schatzschiffen auflauerten und sogar spanische Häfen am amerikanischen Festland überfielen. Die Engländer waren in dieser Zeit auf die wilden Haudegen, auch **Privateers** genannt, angewiesen, denn sie halfen, die britischen Besitzungen zu schützen. Außerdem flossen Erlöse aus ihren Raubzügen in die königlichen Kassen.

Die Buccaneers kehrten von den Kaperfahrten mit märchenhaften Reichtümern nach Port Royal zurück und führten ein Leben in Saus und Braus. In den Gassen von Port Royal gab es natürlich Läden für Schiffsausrüstung und Proviant, aber vor allem Spelunken und Bordelle, in denen die Abenteurer jedem erdenklichen Laster frönten. Natürlich gab es auch Kirchen im Hafen und von deren Kanzeln verdammten die Prediger den Ort als die **lasterhafteste Stadt auf Erden**. Und dann kamen Tage, an denen die Bewohner wiederholt ein unheimliches Grummeln aus der Tiefe vernahmen. Um die Mittagszeit des 7. Juni 1692 schließlich erschütterte ein gewaltiges Erdbeben den Ort, das Meer verschlang ihn zur Hälfte. Der Stern der Freibeuter war schon lange vor der Katastrophe untergegangen. Die Briten benötigten die alten Verbündeten nicht mehr und brandmarkten sie als **Piraten**. Im Jahr 1674 hatte die Krone mit **Henry Morgan** sogar einen der berüchtigsten Piraten-Anführer zum Gouverneur von Jamaika ernannt, damit er seinen alten Kumpanen das Handwerk lege. Heutzutage befinden sich die Überreste der **Sunken City** 15–20 m unter der Wasseroberfläche, auch das Grab von Henry Morgan hat sich 1692 das Meer geholt.

Pisa lässt grüßen – ganz schön schief ist auch das Giddy House in Fort Charles

In-Insel – Lime Cay ist der kleine Badeliebling in der Kingston Bay

herrliche Stunden verbringen. Doch am Wochenende nehmen die Kingstonians Lime Cay und die Nachbarinseln in Besitz und sorgen für Partystimmung.

i Praktische Hinweise

Hotel

*****Morgan's Harbour Hotel**, Port Royal, Tel. 876-631-69 60. Vom Fughafen gut erreichbares Haus mit Marina, zwei Restaurants, Pool. Schöner Blick auf Kingston und den Blue Mountains als Kulisse.

Restaurant

Gloria's Rendezvous, 5 Queen St., Port Royal, Tel. 876-967-80 66. Berühmt ist dieser Imbiss Shop mit Tischen im Freien für *Fish Tea* (Fischsuppe) und köstlichen frischen Fisch.

30 Jack's Hill

Dorf in herrlicher Panoramalage.

Nach nur 30 Min. Fahrt von der Hope Road in New Kingston über Papine nach Nordosten befindet man sich bereits in der Bergwelt der Blue Mountains. Das Dorf Jack's Hill liegt auf einem Höhenrücken am panoramareichen *Skyline Drive* (von Papine über Gordon Town Road, nach 1 km Abzweigung Skyline Drive). Die *Aussicht* von hier auf die Berge, das Gebiet gehört zum 1993 eingerichteten **Blue Mountains-John Crow Mountains National Park** (www.blueandjohncrowmountains.org), hinab zur Metropole Kingston und hinaus aufs Karibische Meer sind atemberaubend und auch für all jene ein Genuss, die Wanderungen durch die Blue Mountains zu anstrengend finden.

Nationalpark, Wander- und Kaffeeanbau-Gebiet: die Bergwelt der Blue Mountains

31 Blue Mountain Peak

Blue Mountain Coffee, herrliche Wanderungen und Gipfelerlebnisse.

Vom Kingstoner Vorort Papine, wo auch die letzte Tankstelle vor der Fahrt in die Blue Mountains zur Verfügung steht, geht es über die Gordon Town Road etwa 3 km bis zum Dorf *The Cooperage*, hier zweigt links die B1 Richtung Newcastle [s. S. 88] ab, rechts aber führt eine Straße durch das Tal des Hope River nach **Gordon Town**. Von dem hübschen Dorf, benannt nach den Gordon Highlanders of Scotland, die das britische Militär hier stationiert hatte, gehen kürzere und längere Wanderwege in die Berge. Der bekannteste, meist nur als *Track* bezeichnet, ist der 21 km lange Gordon Town Trail. Er führt über Industry und Redlight zum *Sugar Loaf* auf 2100 m Höhe.

Von Gordon Town geht es weiter bergauf bis **World's End**. Keineswegs am Ende der Welt, sondern mitten im Anbaugebiet des berühmten *Blue Mountain Coffee* liegt dieses Dörfchen. Auf steilen Feldern an den Berghängen zwischen üppigem Hochwald sind Kaffeesträucher in ordentlichen Reihen gepflanzt. Bei Connaisseurs gilt der Blue Mountain Coffee aus den Verarbeitungsbetrieben von **Mavis Bank**, einem kleinen Dorf am Rand der Blue Mountains weiter östlich, als das höchste der Gefühle. Das Gütesiegel von **Jablum**, der jamaikanischen Kaffeezüchtervereinigung, erhalten nur Kaffeesorten höchster Qualität, die in einer der vier autorisierten Fabriken Jamaikas verlesen

Noch ein Schäufelchen Kaffee gefällig? – In Mavis Bank wird der kostbare Blue Mountain Coffee an der Sonne getrocknet

und geröstet wurden. In Mavis Bank steht einer dieser Verarbeitungsbetriebe, die *Mavis Bank Coffee Factory* (auf Voranmeldung, Tel. 876-977-85 28, www.bluemountaincoffee.com). Bei einer Führung durch die Anlage lernt man die Produktionsschritte der kostbaren Bohnen kennen.

Die Berggipfel hat man im Visier, wenn man der nur mit einem Jeep zu befahrenden Straße bis *Hagley Camp* folgt, wo die Route nach Norden abbiegt, zu dem 12 km entfernten Trekking Camp von *Whitfield Hall*. Wanderer verlassen die schlichte Herberge meist gegen 2 Uhr morgens, um in Begleitung kundiger Führer über

TOP TIPP

den *Blue Mountain Peak Trail* zum 2256 m hohen **Blue Mountain Peak**, dem König der Blauen Berge, aufzusteigen, um dort den Sonnenaufgang zu erleben. Der Pfad geht durch Wäldchen geduckter Nadelbäume, in denen Moose, Zwergorchideen und Farne wachsen, vorbei an blumengeschmückten Bergwiesen, immer höher hinauf. Am treffend *Lazy Man's Peak* genannten 2130 m hohen Plateau schlägt für fußmüde Bergwanderer die Stunde der Wahrheit. Doch es lohnt sich, weiter bergan zu schreiten, denn auf dem *Gipfel* angekommen wird man, klare Sicht vorausgesetzt, bei Son-

Die Roten ins Töpfchen – die Kaffeekirschen werden sorgfältig verlesen

James Bond trinkt ihn, die Queen auch

Der Kaffee aus dem Hochland der Blauen Berge, der **Blue Mountain Coffee**, gilt als einer der besten Sorten der Welt. Dank seines milden, vollen Aromas und des leicht süßlichen Geschmacks wird er unter Kennern wie Mr. Bond und Queen Elizabeth II. als besondere **Delikatesse** geschätzt. Mit einem Preis von etwa 30–50 US$ pro Pfund stellt dieser Genuss jedoch einen Luxus dar, den sich nicht jeder leisten kann. Angefangen hatte alles mit einigen Setzlingen von Sträuchern **äthiopischen Hochlandkaffees**, die Jamaikas Gouverneur Sir Nicholas Lawes 1728 aus Martinique importiert hatte. Sie gediehen hervorragend im milden, feuchtnebligen Klima auf den fruchtbaren Terrassenböden an den Südhängen der Blue Mountains. Französische Pflanzer, die auf der Flucht vor den Sklavenaufständen 1801 von Haiti nach Jamaika kamen, kultivierten die Plantagen weiter, und bald avancierte die Insel zum größten Kaffeeproduzenten der Welt. Nach dem Ende der Sklaverei 1838 versuchten viele Freigelassene mit dem Anbau von Kaffee ihr Auskommen zu finden. Die Erntemengen stiegen gewaltig, aber Qualität und Preis konnten sich auf dem Weltmarkt in Konkurrenz zu neuen Erzeugerländern wie Brasilien nicht durchsetzen. Jamaikas Kaffeeproduktion stagnierte und ging schließlich drastisch zurück.

Erst Mitte des 20. Jh. vollzog sich der wundersame Aufstieg des Blue Mountain Coffee zum **Kultgetränk**. Strenge Richtlinien zu Anbau und Verarbeitung definierten den hohen **Qualitätsstandard**, geschicktes Marketing tat ein Übriges. Vier Fünftel der hiesigen Ernte gehen inzwischen nach Japan, wo sich die Kaffee-Aficionados die gute Tasse echten Blue Mountain Coffee eine ganze Menge Yen kosten lassen. Einige der Hochlandplantagen Jamaikas sind sogar in japanischem Besitz.

Bis zu 10 Monate lang reifen die roten **Kaffeekirschen** an den Sträuchern, die in Höhenlagen ab 800 m gedeihen, dann werden sie per Hand gepflückt. In den Verarbeitungsbetrieben schält man aus den Beeren zunächst die paarigen Steinkerne heraus und aus diesen, durch Entfernen der Pergamenthülle, die grünen **Kaffeebohnen**. Die Bohnen werden anschließend unter häufigem Wenden im Freien getrocknet. Zum Schluss wird der Rohkaffee geröstet, wodurch sich die alles entscheidenden Aroma- und Geschmacksstoffe bilden. Je nach gewünschter Geschmacksrichtung fällt die **Röstung** leichter oder schärfer aus. Die Zubereitung des Kaffees ist dann bekanntlich eine weitere bedeutende Kunst.

nenaufgang mit einem spektakulären Rundumpanorama belohnt, das alle Anstrengungen vergessen lässt. Von dieser himmlischen Warte aus sieht man weit über die bildschönen Berge und Täler der Insel, Scharfäugige können am Horizont sogar einen schmalen Landstreifen als Gruß der fernen Insel Kuba ausmachen.

i Praktische Hinweise

Touren

TOP TIPP **Sun Venture Tours**, 30 Balmoral Ave., Kingston, Tel. 876-960-66 85, www.sunventuretours.com. Die Agentur bietet Wandertouren unterschiedlicher Längen und Schwierigkeitsgrade an. Mit bergerprobten Führer geht es durch die einsamen Regionen der Blue Mountains. Auch Ausflüge zu anderen Attraktionen Jamaikas gehören zum Angebot.

Unterkünfte

Forres Park, nahe Mavis Bank, Tel. 876-927-82 75, www.forrespark.com. Von Kaffeesträuchern umgebene, gemütliche Herberge in den Blue Mountains mit Wellnessprogramm. Idealer Ausgangspunkt für Wandertouren.

***Whitfield Hall**, östlich von Penlyne Castle, Tel. 876-878-05 14, www.whitfieldhall.com. Einfache Unterkunft und Startpunkt für viele Wanderer auf dem Weg zum Blue Mountain Peak.

Oben: *›Strawberry Hills‹ – Hotel von Musikproduzent Blackwell in den Blue Mountains*
Unten: *Jamaikanische Wanderslust in der herrlichen Bergwelt der Blue Mountains*

32 Newcastle und Holywell National Park

Beschwerliche Passstraße mit traumhaften Landschaftspanoramen.

Recht anstrengend ist die Fahrt über die B1, jene kurvenreiche Bergstraße, die sich von Kingston durch die Blue Mountains nach Buff Bay an der Nordküste windet. Entlang der Route entschädigen jedoch die prächtigen Panoramen der bewaldeten, hintereinander verschachtelten Berggipfel der Blue Mountains, die tatsächlich meist in den Namen gebenden bläulichen Dunst getaucht erscheinen, für die Strapazen. Nach etwa 40-minütiger Fahrt von Kingston aus erreicht man zunächst das Dorf *Irish Town* mit dem renommierten, traumhaften Hotel **Strawberry Hill** (s.u.), das Prominente wie die Rolling Stones zu seinen Gästen zählt.

Im Gleichschritt Marsch – die Jamaica Defense Force ist in Newcastle stationiert

Traditioneller Standort des Militärs ist der weiter nördlich gelegene Ort **Newcastle**. Hier führt die Straße mitten über den *Parade Ground*, der heute als Aufmarschplatz zur Kaserne der *Jamaica Defense Force* gehört. Nicht etwa wegen der fantastischen Aussicht wurden 1841 erstmals Truppen in Newcastle stationiert. Die Engländer hatten den 1200 m hoch gelegenen Militärstützpunkt gewählt, um der Gelbfiebergefahr in den Niederungen zu entkommen.

Wenig später erreicht man den Pass **Hardwar Gap** (1300 m). Hier ist zugleich die Hälfte der Fahrtstrecke zwischen Kingston und der Nordküste (insgesamt 66 km) erreicht. In der 1930 errichteten Herberge *Gap Café* wird heute neben jamaikanischen Speisen köstliches Gebäck und Blue Mountain Coffee serviert. Während eines Aufenthalts in den 1940er-Jahren soll der Schriftsteller Ian Fleming in diesem Haus seinen ersten James-Bond-Roman ›Dr. No‹ konzipiert haben.

Der Hardwar Gap liegt mitten im Kaffeeanbaugebiet und ist ein guter Ausgangspunkt, um die Bergwelt des **Holywell National Park** (www.jcdt.org.jm) zu erkunden. Er ist Teil des die östlichen Bergketten umfassenden *Blue Mountains-John Crow Mountains National Park*. Holywell, das Erholungsgebiet der Kingstonians, ist ein bewaldetes Areal mit vielfältiger tropischer Pflanzen- und Vogelwelt und verfügt außerdem über einige schöne Wanderwege.

Einer der Ausflüge führt zum *Catherine's Peak* (1542 m), dem höchsten Gipfel in diesem Teil des Gebirges. Er trägt den Namen der Lady, die ihn 1760 als erste Frau bestieg, und bietet fantastische Ausblicke auf die Bergkulisse und auf die Metropole Kingston.

Am Hardwar Gap beginnen auch die **Blue Mountain Bicycle Tours** (Tel. 876-974-7075, www.bmtoursja.com), erlebnisreiche Mountainbike Touren auf der kurvigen Strecke bergab durch die fantastische Berglandschaft, vorbei an Wasserfällen und Kaffeeplantagen.

i Praktische Hinweise

Hotel

*******Strawberry Hill**, New Castle Road, Irish Town, Tel. 876-944-8400, www.islandoutpost.com. Paradiesische Anlage in den Blue Mountains mit himmlischem Panorama und tropischem Garten. Auf der seit 1780 bestehenden Plantage eröffnete der einstige Musikproduzent Chris Blackwell 1994 das aus preisgekrönten Cottages im Stil des 19. Jh. bestehende Hotel mit Top-Restaurant und vielseitigem Wellnessprogramm.

Restaurant

Gap Café, Hardwar Gap, Tel. 876-997-3032. Eingangs des Holywell National Park gibt es guten Kuchen, Blue Mountain Coffee und britischen Five o'clock Tea. Zimmer vorhanden.

33 Castleton Botanical Gardens

TOP TIPP *47 verschiedene Palmenarten und ein Strychnin-Baum, der es in sich hat.*

Ein lebendiges Bilderbuch der karibischen Flora gibt es etwa 22 km nördlich von Kingston zu betrachten. Die Castleton Botanical Gardens (an der A3, Tel. 876-927-1731, www.moa.gov.jm, März–Sept. tgl. 5.30–18.30, sonst bis 18 Uhr) wurden 1862 auf dem Areal der früheren Zuckerrohrplantage von *Lord Castleton* angelegt. Hier wachsen nicht nur Exemplare der einheimischen Flora, hier wurden auch Pflanzenarten aus anderen

Wer zählt die Blumen, kennt die Namen – im Botanischen Garten von Castleton blüht auch die ›Orchidee des armen Mannes‹

Castleton Botanical Gardens – die feingliedrige Straußenfederpalme flüstert mit dem Wind

Teilen der Welt erstmals angebaut und kultiviert, die heute auf ganz Jamaika heimisch sind. Flamboyant Tree, Blauer Mahoe, Riesenhibiskus, Mango-, Mahagoni- und Teakbaum, Norfolk Kiefer, Muskat- und Kakaobaum oder Pimento schmücken den idyllischen 12 ha großen Park, durch den der muntere *Wag Water River* sprudelt. Erstaunlich ist die Vielzahl an *Palmen*, man findet hier 47 Arten der eleganten Gewächse. Um sich die Feinheiten der Botanik und eine Begegnung der besonderen Art nicht entgehen zu lassen, sollte man einen der Führer (gegen ein Trinkgeld) engagieren, denn diese Pflanzenkundigen weisen Besucher auch auf einige Exemplare des unscheinbaren Brechnussbaumes *Strychnos* hin, aus dessen Samen das lähmende Gift Strychnin gewonnen wird.

34 Port Henderson

Erinnerungsstücke an den alten Glanz des Seebades und Kolonialhafens.

Nachdem Port Henderson an der Mündung des *Rio Cobre* in die Kingston Bay als Marinestützpunkt und als Hafen der 8 km entfernten Hauptstadt Spanish Town in den 1870er-Jahren gegründet worden war, ging es mit dem Ort schnell bergauf. Mitte des 19. Jh. galt es zudem als schick, in den mondänen Hotels an der Promenade zu wohnen und von der heilenden *Mineralquelle* zu kosten, die leider längst versiegt ist. Heute ist Port Henderson mit **Portmore** (182 000 Einw.), der Trabantenstadt von Kingston, zusammengewachsen. Sie sind je nach Verkehrslage mehr oder weniger zügig über den *Highway 2000* (mautpflichitg) oder über den *Causeway* zu erreichen. **Fort Augusta**, am Ende dieser Brückenstraße durch die Kingston Bay, wurde von den Briten um 1740 zur Verteidigung der Bucht und des Kingston Harbour errichtet. Nach verschiedenen Umbauten – ein Blitzeinschlag im Pulverturm zerstörte einst große Teile der Anlage – dient es gegenwärtig als Frauengefängnis und ist folglich nicht zu besichtigen. Im heute wenig attraktiv erscheinenden **Fischerhafen** von Port Henderson stehen noch einige der georgianischen Bauten des 18./19. Jh.

Südlich von Port Henderson wacht **Fort Clarence** über die Bucht. In der alten, für Besucher gesperrten Festung befindet sich seit Jahren das Militärhauptquartier der *Jamaica Defense Force*. Über einen Fußpfad gelangt man hinauf zum Aussichtspunkt *Rodney's Lookout* bei der Ruine des Wohnhauses von Admiral George Rodney. Von hier oben soll der britische Marinekommandeur damals nach feindlichen französischen Schiffen Ausschau gehalten haben.

i Praktische Hinweise

Unterkunft

*****Jewels Resort,** 3 Port Henderson Road, Portmore, Tel. 876-988-67 85. Ordentliche Herberge an der Küste mit Pool, jamaikanischem Restaurant, Bar.

35 Hellshire Hills und Hellshire Beaches

Kleine Drachen und weiße Strände südwestlich von Kingston.

In der heißen Einsamkeit der **Hellshire Hills** südwestlich von Port Henderson haben Tiere ein Rückzugsgebiet gefunden, die in anderen Regionen der Insel längst verschwunden sind. Einige in den sonnendurchglühten Kalksteinhügeln gesichtete Leguane, die **Jamaican Iguana** (*Cyclura collei*), haben die Befürchtung widerlegt, das urweltlich anmutende, drachenähnliche Lebewesen sei ausgestorben. Auch der *Coney* oder *Jamaican Hutia* genannte kaninchengroße Nager sowie die kleine Schlange *Yellow Snake* leben hier unbehelligt fernab der Zivilisation. Das weite menschenleere Terrain liegt im Windschatten der Blue Mountains, Niederschläge erreichen hier weniger als 500 mm im Jahr. In den salzigen Feuchtgebieten des **Great Salt Pond** südlich von Fort Clarence sowie im Südwesten der Halbinsel machen viele Zugvögel Station. Der Salzsee galt schon zu Zeiten der Taino als ein besonders ergiebiger Angelplatz für Red Snapper, Meeräsche und Languste.

Der **Fort Clarence Beach Park** (Mi–Fr 10–18, Sa/So 9–18 Uhr) und die **Hellshire Beaches** beginnen südlich dieses salzigen Riesenteichs. Am Wochenende läuft vor der Kulisse der weißsandigen flachen Strände die jamaikanische *Freizeitkultur* auf vollen Touren. Reggae Bands, Modenschauen, ja sogar Wettbewerbe rund um Schönheit und Muskelkraft finden ein fachkundiges und begeisterungsfähiges

Publikum. Fischbratereien und Stände locken mit allerlei Snacks und Getränken.

Vom Kreisverkehr bei den Hellshire Beaches führt eine Straße direkt zum ausgeschilderten Eingang der **Two Sisters Caves** (Tel. 876-428-9813, Mi–Fr 9–17, Sa/So 10–18 Uhr). Über eine Holztreppe steigt man zur Höhle hinab und blickt durch einen Holzrahmen auf ein in den Felsen geritztes menschliches Antlitz, das wohl um 1200 von Taino geschaffen wurde. Vermutlich nutzten die Ureinwohner die Grotte zu Kultzwecken. Sie ist Teil eines riesigen, bislang kaum erforschten Höhlensystems.

i Praktische Hinweise

Restaurant

Prendy's at the Beach, Hellshire Beach. Dieser Familienbetrieb, in dem eigentlich immer Reggae Musik zu hören ist, passt zum kleinen Fischerort. Hier werden frische Fisch- und Meeresfrüchtegerichte in vielen Variationen serviert.

36 Spanish Town

An die Glanzzeiten als Hauptstadt Jamaikas erinnert ein schönes georgianisches Architekturensemble.

Bei der Besichtigung von Spanish Town ist Fantasie gefordert, denn viel ist aus den glanzvollen Zeiten, als es politisches Zentrum Jamaikas war, nicht erhalten. Die heutige, auf den ersten Blick wenig attraktive Bezirkshauptstadt (162 000 Einw.) des *St. Catherine Parish* liegt 25 km westlich von Kingston und ist mit der sich ausbreitenden Metropole schon fast zusammengewachsen. An die einstige Pracht erinnert die im Schachbrettmuster angelegte *Altstadt* mit ihren eindrucksvollen georgianischen Bauwerken und ihrem nostalgischen Flair. An den historischen Fassaden gibt es stilvolle Dekorationen zu entdecken und zuweilen öffnen sich Torbögen zu lauschigen Innenhöfen.

Dornröschens Kulturerbe

Auf die spanische Kolonialepoche verweist nur noch der Name des Ortes. Im Jahre 1534 hatten die Spanier die Hauptstadt ihrer Kolonie von *Sevilla la Nueva* an der Nordküste beim heutigen St. Ann's Bay [Nr. 12] hierher an die Südküste verlegt, unweit des riesigen Naturhafens

Mit ihrem Turm setzt die Kathedrale einen imposanten Akzent in Spanish Town

Kingston Bay. Ausgewählt hatte den Siedlungsstandort bereits Diego Kolumbus, der von seinem Vater Christoph mit dem Titel eines Grafen von Jamaika beerbt worden war. Der neue Sitz des Gouverneurs und der Verwaltung Jamaikas hieß zunächst schlicht *Villa de la Vega* (Stadt in der Ebene), wurde später dann nach dem Schutzpatron Spaniens, dem Apostel Jakobus, *Santiago de la Vega* benannt, doch seine Entwicklung verlief fortan eher schleppend. Jamaika gehörte in Ermangelung von Gold- oder Silbervorkommen nie zu den wichtigen Besitzungen, sondern diente nur als Proviantstation im riesigen Kolonialreich Spaniens. Mitte des 17. Jh. lebten in ganz Jamaika nur 4000 Einwohner, weniger als 500 Menschen wohnten in der **Hauptstadt**, aber dafür besaß sie fünf Kirchen und ein Franziskanerkloster.

Nachdem englische Piraten die kaum befestigte Kapitale mehrfach überfallen und geplündert hatten, wurde sie 1655 von einer britischen Kriegsflotte erobert. Unter dem Vorwand, die Bedingungen für die Kapitulation zu überdenken, ließ der spanische Gouverneur allen beweglichen Besitz zusammenpacken, um mit den Getreuen in Richtung Kuba zu fliehen. Die derart um die Kriegsbeute gebrachten **Engländer** setzten den Ort in Flammen, um wenig später an derselben Stelle ihre eigene Kolonialhauptstadt zu errichten, die sie Spanish Town nannten. In den folgenden Jahrzehnten entstanden zahlreiche repräsentative Verwaltungsbauten, das wirtschaftliche Leben aber verlagerte sich im Laufe der Jahre immer mehr in die Hafenstadt Kingston, an die Spanish Town den Hauptstadttitel schließlich 1872 verlor. Erst angesichts der Zerstörungen durch *Hurricane Gilbert* 1988 erwachte Spanish Town aus seinem Dornröschenschlaf, in den es zwischenzeitlich gefallen war, und man begann, Pläne zur Rettung der Denkmälersubstanz zu schmieden. Während mit der Eröffnung von Banken und der Etablierung von Kleinindustrie Hoffnung auf urbane Wiederbelebung aufkeimte, geht die Restaurierung der Altstadt und ihrer eindrucksvollen Architektur immer noch zäh und nur schrittweise voran.

Von Kolonialnostalgie, Kathedrale und Emanzipation

Von Kingston aus erreicht man Spanish Town über die A2. Dort, wo die A2 schließlich den Rio Cobre kreuzt, fällt rechts die gusseiserne **Old Iron Bridge** 1 ins Auge. Die heute nicht mehr zugängliche Brücke wurde 1801 in England konstruiert und per Schiff nach Jamaika verfrachtet. Als erste Eisenbrücke in der Neuen Welt stellte sie bei ihrer Errichtung eine bautechnische Sensation dar.

Von der A2, die hier Bourkes Road heißt, biegt man rechts in die White Church Street ab und gelangt vorbei am großen **St. Catherine District Prison** 2 aus dem 18. Jh., einem Hochsicherheitsgefängnis, um das sich Gruselgeschichten ranken, zur **Cathedral of St. Jago de la Vega** 3, auch St. James Cathedral genannt. Sie wurde 1714 errichtet und ist Sitz des anglikanischen Bischofs von Jamaika. Ihr von einem Hurrikan zerstörter Vorgängerbau stand auf den Ruinen eines

Das Alte und das Neue – Zeitungslektüre vor dem Rodney Memorial in Spanish Town

katholischen Doms des Franziskanerordens von 1525, der wiederum der britischen Zerstörungswut nach der Eroberung 1655 zum Opfer gefallen war. Die heutige Kathedrale gilt als eines der gelungensten Gotteshäuser der Insel. Bemerkenswert sind im *Innenraum* die Grabmäler von Bischöfen und Gouverneuren, die Orgel aus dem 19. Jh. mit ihrer holzgeschnitzten Empore und das mit Glasmalereien geschmückte Chorfenster. Einige der ältesten Grabsteine Jamaikas zieren den malerischen *Friedhof*, auf dem weitere Honoratioren der Kolonialzeit bestattet sind.

Die White Church Street mündet weiter nördlich in den TOP TIPP **Emancipation Square** 4. Der während der britischen Kolonialepoche wichtigste Platz der Stadt wird wegen der Grünanlage in seiner Mitte auch *The Park* genannt. Beinah verlassen liegt er heute da, auf den von Königspalmen beschatteten Wegen rund um seinen Brunnen sieht man nur vereinzelt Spaziergänger. Das rahmende Straßengeviert aber präsentiert überaus sehenswerte Glanzstücke britischer Kolonialarchitektur. Die Nordflanke des Platzes wird vom 1790 errichteten **Rodney Memorial** 5 dominiert. In dem tempelartigen achteckigen Kuppelbau, der durch säulengeschmückte Arkadengänge mit den flankierenden Bauten des Nationalarchivs **Jamaica Archives** 6 (Tel. 876-984-50 01, http://archives.jard.gov.jm, Mo–Do 9–16.30, Fr 9–15.30 Uhr) verbunden ist, grüßt die Marmorstatue des als römischer Imperator gewandeten britischen *Admirals Lord George Rodney* von seinem Sockel. Das vom englischen Bildhauer *John Bacon* Ende des 18. Jh. ge-

Im Dienste Gottes – die anglikanische Cathedral of St. Jago de la Vega von Spanish Town

Das spanische Königspaar Juan Carlos und Sofia zu Besuch in Spanish Town

schaffene Denkmal zeigt den Mann, der nicht nur in Jamaika als Bewahrer britischer Herrschaft in der Karibik gilt. Ihm war es 1782 mit einer Flotte von 100 Schiffen gelungen, die französische Marine bei den Îles des Saintes südlich von Guadeloupe zu schlagen. Mit dem Sieg in dieser ›Battle of The Saints‹ – kurz zuvor hatten die nordamerikanischen Kolonien mit französischer Hilfe ihre Unabhängigkeit erstritten – konnte Rodney dem weiteren Verfall des britischen Kolonialbesitzes in der Neuen Welt Einhalt gebieten. Um das dynamische Standbild des glorreichen Befehlshabers hat man die erbeuteten Kanonen des französischen Flaggschiffes drapiert.

Das 1762 aus rotem Backstein erbaute **Old King's House** 7 im Westen des Platzes diente den britischen Generalgouverneuren über 100 Jahre lang als offizielle Residenz. Von den Stufen des eindrucks-

Prachtportikus und nix dahinter – das Old King's House diente als Residenz des Gouverneurs

vollen, von mächtigen Säulen gestützten Portikus wurde 1838 die Proklamation der jungen Queen Victoria zur *Abschaffung der Sklaverei* im britischen Empire verlesen. Ein Feuer im Jahre 1925 ließ nur die *Fassade* des imposanten Gebäudes unversehrt, sie wird seitdem rückwärtig von mächtigen Balken gestützt. Das kleine **Jamaica People's Museum of Craft and Technology** 8 (http://museums-ioj.org.jm, Mo–Fr 9.15–16 Uhr) ist in den früheren Stallungen der Residenz untergebracht. Die Sammlung zeigt neben Kutschen Werkzeuge und Gerätschaften aus Landwirtschaft und Handwerk. Sie dokumentiert außerdem jamaikanische Kunsttraditionen und Architekturstile.

Im Süden des Platzes erhebt sich noch eine Ruine. Das 1819 errichtete **Courthouse** 9 mit seinem kuppelgekrönten Uhrturm wurde 1986 durch einen Brand verwüstet. In spanischer Zeit stand hier eine weitere Kirche des Franziskanerordens. Das Gebäude der Abgeordnetenversammlung schließlich, das **House of Assembly** 10, errichteten die Briten im Jahre 1760 an der Ostseite des Platzes. Hier hatten die einflussreichsten Plantagenbesitzer und Zuckerhändler von Jamaika Sitz und Stimme. Heute dient der Backsteinbau mit seinem giebelbekrönten Mittelrisalit als Bürotrakt für die Bezirksverwaltung des St. Catherine Parish (Parish Council Building).

37 Mountain River Cave

Versteckte Felsmalereien künstlerisch begabter Taino.

In den Hügeln 14 km nordwestlich von Spanish Town erwartet den an der Frühgeschichte Jamaikas Interessierten eine Rarität. Auf dem Weg liegt das hübsche Dorf **Guanaboa Vale**, in dem *Norman Manley*, einer der Gründerväter des freien Jamaika, 1893 geboren wurde. Ein paar Kilometern weiter steht ein Hinweisschild zur **Mountain River Cave** (Tel. 876-922-12 87, www.jnht.com, Buchung von Führungen im Voraus). Die leider vernachlässigte Höhle steht unter dem Schutz des *Jamaica National Heritage Trust*. In Begleitung eines Führers folgt man dem etwa 1,5 km langen unbefestigten Pfad zur Taino-Höhle, die durch ein Eisengitter absperrt ist. Die Höhlenwände sind mit Darstellungen von Jägern, Schildkröten, Vögeln und Fröschen sowie mit abstrakten Motiven geschmückt. Felsritzzeichnungen (Petroglyphen) der Ureinwohner kann man vereinzelt auf den karibischen Inseln finden, **Felsmalereien** wie diese hier haben jedoch Seltenheitswert. Die zwischen 650 und 1500 entstandenen Höhlenbilder wurden von der Archaeological Society of Jamaica und den Smithsonian Institutes von Washington DC ausführlich dokumentiert.

DONT TEACH YOUR GARBAGE TO SWIM
PAULETTE
BLACK RIVER 122

Mandeville und der Südwesten – Bauernland und britisches Ambiente, Bamboo Avenue und Badefreuden

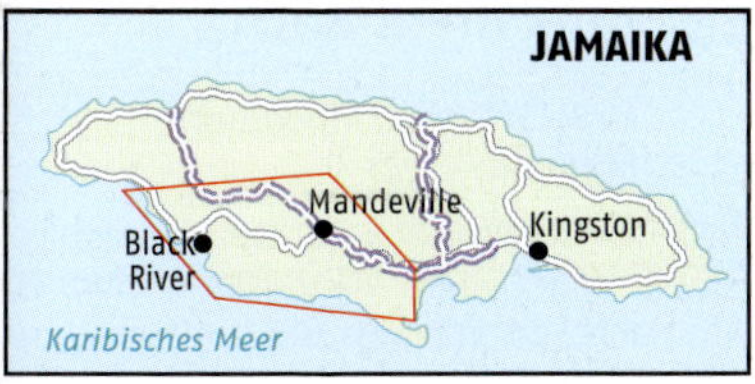

Natürlichen Charme zeichnen die Südwestküste und die Central Highlands von Jamaika aus. Sie bieten kakteengeschmückte Savanne, Sumpfgebiete, europäisch anmutendes Hochland und Gebirgszüge wie die *Santa Cruz Mountains*, die bei *Lover's Leap* als Klippen ins Meer stürzen. In die kühlen Höhen von **Christiana**, dem kieferbeschatteten Marktstädtchen, und **Mandeville**, der Hauptstadt des *Manchester Parish* und Bauxitzentrum mit traditionellem britischen Flair, flüchtete einst die Oberschicht der Insel zur wohl temperierten Tropenfrische. An der Küste, zwischen **Old Harbour** und **Bluefields**, räkeln sich *Fischerdörfer* in von Felsen gerahmten Sandbuchten und entfalten – wie z. B. das freundliche **Treasure Beach** mit seiner Dünenlandschaft – im verträglichen Umfang ihr touristisches Potenzial, das eher dem Ökotourismus zugeneigt ist als dem gestylten Trubel großer Ferienzentren. Zu den Naturschönheiten der Region zählen der **Black River** und sein Feuchtgebiet *Great Morass*, die man im Rahmen einer beschaulichen Bootsfahrt vom Ort Black River aus entdecken kann, samt ihrer Mangroven, Krokodile und schillernden Vogelwelt. Die **Bamboo Avenue**, der schönste Straßentunnel der Welt, bestehend aus einem lichtvoll-grünen Gewölbe aus Bambuspflanzen, lockt ins Landesinnere. Auf den Ebenen wird *Landwirtschaft* betrieben, Zuckerrohr, Obst und Gemüse angebaut, rotbraune Kühe grasen auf grünen Weiden. Und die Sehnsucht nach Schönheit führt noch ein Stück weiter zu den **YS Falls**, einem mehrstufigen Wasserfall in romantischer Landschaftskulisse. Dem Hochgefühl weiter folgend gelangt man schließlich nach **Appleton**, dem der Ruf vorauseilt, eine der besten Rumdestillen Jamaikas zu beherbergen. Das Feuerwasser wird natürlich an Ort und Stelle getestet und garantiert für gut befunden.

38 Old Harbour

Ein viktorianischer Uhrturm, ein Fischmarkt und Burgruinen.

Als Glanzstück der Marktstadt Old Harbour gilt der elegante kronengeschmückte **Victorian Clock Tower** (17. Jh.) am Old Harbour Square. Anders als die meisten jamaikanischen Uhrtürme zeigt er die richtige Zeit an – und das seit seiner Errichtung. Und wer noch ein bisschen mehr Zeit hat, kauft sich vielleicht frische Backwaren in der hochgelobten *Honeycrust Bakery* (16 East Street).

Etwa 5 km weiter südlich, im Hafenort **Old Harbour Bay**, präsentieren Fischer die bunt schillernden Früchte des nächtlichen Fangs auf dem Fischmarkt. Christoph Kolumbus, der die Bucht schon 1494 erkundete, taufte sie *Puerto de la Vaca*, Hafen der Kuh. Er ließ sich wahrscheinlich von den *Manatees* (Seekühen) inspirieren, die damals im seichten Wasser der Bay lebten. Die Spanier errichteten hier später mit *Puerto de Esquivella* einen Hafen für ihre nahe Hauptstadt. Heute trägt der 2 km von Old Harbour Bay entfernte Bauxithafen der *West Indies Aluminum Company* (Windalco) als Port Esquivel den Namen des ersten spanischen Gouverneurs Juan de Esquivella.

Oben: *Crocodile Rock – Bootstouren erschließen die mangrovengesäumte Flusslandschaft des Black River, Heimat der scharfzahnigen Reptilien*
Unten: *Märchenhafter Fischzug – an der Südküste Jamaikas, wie hier in Alligator Pond, leben die Menschen vom Reichtum des Meeres*

Das Geheimnis der Baugeschichte von **Colbeck Castle**, 2 km nordwestlich von Old Harbour, ist noch immer nicht vollständig gelüftet. Möglicherweise ließ Colonel John Colbeck, Offizier der britischen Invasionsarmee von 1655, das imposante Gebäude errichten. Heute ist es eine eindrucksvolle Ruine. Die einstige Wasserburg war mit hohen Mauern und Ecktürmen befestigt und zeigt Architekturdetails, die darauf schließen lassen, dass hier meisterhafte Steinmetze am Werke waren.

39 May Pen

Landwirtschaftliches Zentrum und Hauptstadt des Clarendon Parish.

Der *Rio Minho* entspringt im zentralen Hochland von Jamaika und fließt auf seinem Weg zur Mündung in der Carlysle Bay mitten durch May Pen, fünftgrößter Orte der Insel und Hauptstadt des Clarendon Parish. Er ist Mittelpunkt einer von Landwirtschaft geprägten Region mit ausgedehnten Feldern, auf denen Zitrusfrüchte, Kakao, Yam und Zuckerrohr angebaut werden.

Im Zentrum der Stadt wird jeden Freitag und Samstag einer der größten **Märkte** Jamaikas abgehalten. Während der *Denbigh Agricultural Show*, die zu den Unabhängigkeitsfeierlichkeiten Anfang August auf dem westlich gelegenen Denbigh Showground stattfindet, präsentieren die Farmer der Insel ihre besten Produkte. Zum Rahmenprogramm gehören Livemusik und Tanzpartys.

40 Milk River Bath

Heilquellen und Manatees am Milchfluss.

Milk River heißt der keineswegs milchige Fluss, der in vielen Windungen etwa 20 km nach Süden fließt und bei *Farquhars Beach* das Karibische Meer erreicht. Die holprige Straße, die bei *Toll Gate* von der A2 nach Süden abzweigt, führt durch eine staubige Buschlandschaft mit Kakteen. Nur am Wochenende belebt sich die Szenerie, dann kommen Ausflügler zum Picknick an den Fluss oder zu den Fischerhütten am Meer, wo es Hummer, Shrimps und frischen gebratenen Fisch zu kaufen gibt.

Viele Besucher genießen im *Milk River Mineral Bath Hotel & Spa* (Tel. 876-449-65 02, tgl. 7–21 Uhr) ein Bad im leicht radioaktiven **Mineralwasser**. Die heilenden Quellen sollen bei Beschwerden wie Rückenschmerzen, Rheuma, Hautausschlag, Leberleiden u.v.m. helfen. Drei Badegänge am Tag, keiner länger als 20 Min., ermöglichen eine ›grundlegende Wiederherstellung der Gesundheit‹, wie das Bad

Das kommt uns schottisch vor – Colbeck Castle imitierte nordeuropäische Festungsbaukunst

Hotel und Badehaus für heilendes Wasser – die Mineralquellen von Milk River Bath

vollmundig verspricht. Entdeckt wurde das wundertätige Wasser zufällig. Ein von seinem Herrn ausgepeitschter Sklave hatte in der Quelle gebadet und war unglaublich schnell genesen. Der Gutsbesitzer *Jonathan Ludford* eröffnete noch 1794 an dieser Stelle ein Heilbad, das er später dem Staat vermachte.

Wer auf der Fahrt nach Süden kurz vor Milk River Bath die Abzweigung nach Westen wählt, gelangt zum Schutzgebiet des *Canoe Valley Wetland* und zur Mündung des kleinen **Alligator Hole River**, den man per Boot in Begleitung eines Führers erkunden kann. Hier leben einige *Manatees* (Manatis). An den Küsten und in den Flussmündungen von Jamaika soll es noch 100 dieser bis zu 5 m langen, torpedoförmigen, Seegras fressenden Seekühe geben.

Anmutige Säulenkakteen sonnen sich in der Südküsten-Savanne bei Milk River Bath

Schlammkur, nein danke – rostig-rote Bauxiterde im Mud Lake von Mandeville

Praktische Hinweise

Hotel

Milk River Hotel & Spa, Milk River, Clarendon, Tel. 876-449-6502. Schlichte ordentliche Herberge für die Gäste der Heilquelle und kleines Restaurant mit jamaikanischen Spezialitäten.

41 Christiana

Deutsche Missionare und irische Kartoffeln im Zentrum der Insel.

Als Urlaub am Meer in Jamaika noch ein Fremdwort war, war Christiana, in 1000 m Höhe gelegen, dank seines kühlen Klimas eine beliebte ›Sommerfrische‹. Der kleine Ort im Norden des *Manchester Parish* ist von May Pen aus über die A2 (ab Mandeville B4/B5) zu erreichen. Die Landschaft ist europäisch geprägt, die Namen nahe gelegener Dörfer wie Moravia, Walderston oder Bethany erinnern daran, dass hier zu Beginn des 19. Jh. Missionare protestantischer Glaubensgemeinschaften tätig waren. Die Felder der Umgebung werden von Hecken und niedrigen Steinwällen begrenzt, ein auf Jamaika ungewohnter Anblick. Tatsächlich war der *europäische Einfluss* einst beträchtlich. Die Briten hatten Ende des 18. Jh. hier zunächst Deutsche angesiedelt, später kamen irische Siedler, sie brachten Kartoffeln mit und kultivierten diese erfolgreich. Heute erwacht das beschauliche Christiana am **Markttag** (Sa) zu hektischer Aktivität, dann bringen die Bauersfrauen Yam, Bananen, Kartoffeln oder Zitrusfrüchte zum Verkauf.

Naturfreunde kommen von weit her, um die von Baumfarnen und hoch aufragendem Bambus bewachsene, 200 m tiefe Schlucht **Christiana Bottom** nordöstlich der Stadt zu erkunden Ein kleiner Wasserfall lockt mit kristallklarem Nass, die Picknickplätze am Ufer laden zu beschaulicher Rast ein.

Praktische Hinweise

Hotel

***Villa Bella**, Christiana, Tel. 876-964-2243. Haus in schöner Hügellage mit 16 netten, altmodisch möblierten Zimmern. Das Restaurant bietet köstliche jamaikanische Speisen. Nachmittags wird die britische Teestunde zelebriert.

42 Mandeville

British geprägte Kleinstadt auf tropischem Hochplateau.

Es mag gewagt erscheinen, Mandeville mit Städtchen in der englischen Grafschaft Devonshire zu vergleichen, wenngleich auch hier die hügelige grüne

Stadtkulisse mit hübschen Häusern und Villen dekoriert ist. Unverwechselbar karibisch aber sind Atmosphäre und Klima, Architektur und farbenprächtiges Pflanzendekor. Für die britischen Kolonialoffiziere war Mandeville einst ein englisches Idyll fern der Heimat. Die Lage auf dem knapp 700 m hohen Plateau milderte die Tropenhitze, die Landschaft lud zu Ausritten ein, und der *Manchester Golf Club*, der älteste Golfplatz Jamaikas, lockte mit englischem Rasen. Der Verwaltungsbezirk von *Manchester* wurde 1814 gegründet und nach dem Gouverneur, dem Herzog von Manchester, benannt. Dessen ältester Sohn, *Viscount Mandeville*, stand zwei Jahre später Pate für den Namen der neuen *Bezirkshauptstadt*. In den 1950er-Jahren wurde nördlich von Mandeville **Bauxit** gefunden und bald siedelten sich Aluminiumfirmen in dem wohl europäischsten Ort Jamaikas an. Als eine Art Wahrzeichen der Bauxit-Lagerstätten erstreckt sich im Norden der mit rotbraunem Abraumschlamm gefüllte **Mud Lake**. Die *West Indies Aluminum Company* (*Windalco*) musste ihre Anlage 2009 aufgrund der hohen Energiekosten und der globalen Finanzkrise stilllegen. Die wirtschaftlichen Schäden für die Gemeinden St Elizabeth und Manchester durch die Entlassung der 2000 Arbeiter und die Einnahmeverluste sind bis heute wirksam.

Mandeville ist Marktort und Verwaltungszentrum, Schlafstadt und Wohnort wohlhabender, aus Übersee heimgekehrter Jamaikaner. Auf dem kunterbunten lebhaften **Markt** im Zentrum tummelt sich die Landbevölkerung. Hinzu kommen moderne Shopping Malls und weiterführende Schulen sowie mehrere Colleges. Mandeville ist besonders stolz auf seinen Blumenzüchterverein, die **Horticultural Society** (Tel. 876-962-2909). Unter der Schirmherrschaft von Carmen Stephenson findet jeden Mai die *Annual Flower Show* statt, bei der eindrucksvolle Privatgärten wie der ihre für Blumenfreunde geöffnet werden.

Um den **Cecil Charlton Park** im Zentrum sind die ältesten Gebäude Mandevilles versammelt. Das aus Kalksteinblöcken errichtete **Courthouse** (1820) ist mit dorischen Säulen und einer doppelt geschwungenen Freitreppe geschmückt, die gleichaltrige **St. Mark's Church** erweist sich als ein trutziger neogotischer Bau. Das dazugehörige Pfarrhaus, die *Rectory*, fungiert heute als Wohnhaus. Die

Außen streng, innen freundlich – die Pfarrkirche St. Mark's (19. Jh.) in Mandeville

Police Station an der Main Street stammt ebenfalls aus der Gründerzeit der Stadt, diente zunächst aber als Gefängnis und Arbeitshaus.

Am Nordwestrand von Mandeville (über Winston Jones Hwy., Oriole Close Rd. und Mike Town Rd. erreichbar) erhebt sich **Marshall's Pen Great House** (auf Voranmeldung, Tel. 876-904-5454) aus dem Jahre 1795, das einst über eine Kaffeeplantage regierte. Schon seit vielen Generationen wird es von der Familie

Feuergefährlich – Chilis sorgen für den höllischen Effekt der Pickapeppa Sauce

Sutton bewohnt. Besucher können die kunstvolle Einrichtung und die Gärten bewundern, erfahrene Vogelbeobachter dürfen im *Park* mit Fernglas und Kamera bewaffnet die vielfältige Vogelwelt beobachten. Ann Sutton zählt zu den bekanntesten Ornithologen der Insel.

Zwar haben alle *Jerk*-Köche auf Jamaika ihrer eigenen feurigen Saucen, doch auch das seit 1921 in Flaschen abgefüllte Gemisch der **Pickapeppa Company** (Tel. 876-603-3441, www.pickapeppajamaica.com, Besichtigung auf Voranmeldung), deren Fabrik am Nordrand von Mandeville kurz vor *Shooters Hill* liegt, hat es gleichfalls in sich. Während der Hauptproduktionsphase von März bis November kann man hier studieren, wie aus Tomaten, Zwiebeln, Mangos, Chilis, Zucker, Tamarinden, Rosinen und verschiedenen Gewürzen die höllisch feurige Mischung entsteht. Etwa 98 % der Pickapeppa Sauce wird exportiert.

Der traditionsreiche Golfplatz des **Manchester Country Club** (Caledonia Road, Tel. 876-962-2403) stammt noch aus der britischen Kolonialzeit. Die 9-Loch-Anlage liegt auf 660 m Höhe und ist heutzutage auch für Nichtmitglieder zugänglich. Im Klubhaus lässt es sich mit einem Drink oder Snack gut aushalten.

Auch wer gerne Tennis spielt, findet in Mandeville einige gute Plätze.

i Praktische Hinweise

Touren

TOP TIPP **Countrystyle Community Tours,** Manchester Road, SuperPlus Centre, Mandeville, Tel. 876-488-7207, www.jamaica-no-problem.com. Die Agentur organisiert interessante Ausflüge ins Alltagsleben Jamaikas, zu Handwerksbetrieben, Farmen oder Musikstudios sowie zu landschaftlichen Schönheiten.

Hotels

****Kariba Kariba Guesthouses**, 1 1/2 McKinley Road, Mandeville, Tel. 876-962-8006. Vier Zimmer mit Bad, Frühstück.

****Mandeville Hotel**, 4 Hotel Street, Mandeville, Tel. 876-962-9764, www.mandevillehoteljamaica.com. Zentral gelegenes familiäres Hotel mit 60 Zimmern, Garten und Pool. Das jamaikanische Frühstück im Coffee Shop mit *Ackee and Saltfish*, *Callaloo* und *Bammy* ist ein Erlebnis. Abends gibt es im *Manchester Arms Pub* Drinks und Snacks.

Restaurant

Bloomfield Great House, 8 Perth Road, Mandeville, Tel. 876-962-7130. Exzellente jamaikanische und internationale Küche sowie gute Weine bietet das historische Plantagenhaus mit Bar. Von der Terrasse

Seeräuber auf Schatzsuche sind heutzutage selten zu Gast im Treasure Beach Hotel, doch das karibisch schöne Panorama ist nicht mal mit Gold aufzuwiegen

genießt man einen herrlichen Blick auf Mandeville. Manchmal werden Kunstausstellungen gezeigt oder Livemusik gespielt (So/Fei geschl.).

OMG Restaurant & Coffee Bar, Cobblestone Professional Center, 1 Brumalia Road, Mandeville, Tel. 876-962-7251. Farbenfroh eingerichtetes Café. Abends trifft man sich hier gern auf einen Cocktail oder Wein, gelegentlich Live DJ, Poetry Slams, Fußballübertragungen.

43 Treasure Beach

TOP TIPP *Eine traumhaft entspannte Atmosphäre bieten die dünengesäumten Strände der Südküste.*

Von Mandeville gelangt man in 1 Std. über die A2 nach Westen und ab *Santa Cruz* auf einer Nebenstrecke nach Süden an die Küste. Die Buchten und Strände der Great Pedro Bay, der Calabash und der Frenchman's Bay, der Billy's und der Mahoe Bay, die zu Treasure Beach gehören, sind bislang ohne Tourismusboom ausgekommen. Berühmt ist Treasure Beach vor allem wegen des **Calabash International Literary Festivals** (www.calabashfestival.org, s. S. 130), das alle zwei Jahre im Mai (2018, 2020 ...) Poeten, Schriftsteller und Literaturbegeisterte aus aller Welt anzieht. Sonst geht es gemütlich zu, das Alltagsleben des Fischerdorfes ist tonangebend.

TOP TIPP

Community Tourism heißt die Devise in Treasure Beach, Fremdenverkehr, der das Leben der Bewohner nicht auf den Kopf stellt. Entsprechend gut fügen sich die kleinen Hotels, Villen und Apartments in das Dorf und die einem ländlichen Leben zugeneigten Touristen in die Dorfgemeinschaft ein. Kein Wunder, dass einige Europäer und Nordamerikaner hier sesshaft geworden sind.

Die Landschaft rund um den Ort trägt zur Idylle bei: Die über 700 m hohen **Santa Cruz Mountains** schieben sich wie ein Riegel vor die sanft zum Meer abfallende Küstenebene der Pedro Plains und halten die Regenwolken ab. Am Wegesrand wachsen stachliges Gestrüpp, Kakteen und Akazien, auf den Weiden grasen rotbraune *Red-Poll-Rinder*, dazwischen tummeln sich kleine Schaf- oder Ziegenherden. Auf den Feldern werden die Setzlinge mit einer dünnen Schicht *Guinea-Gras* bedeckt, an dem sich die Feuchtigkeit aus der Luft fängt und so die Pflanzen wässert.

Felsen rahmen die einzelnen Buchten von Treasure Beach mit ihren Sanddünen und Stränden, an die ein bewegtes Meer

Jake's – Designerterrasse mit Blick auf die wildromantische Küste von Treasure Beach

Jah Rastafari – der schwarze Messias

Jamaika war in den 1930er-Jahren Geburtsort einer religiösen Bewegung, die bald die soziale und politische Landschaft der Insel ebenso nachhaltig beeinflussen sollte wie die Kultur- und vor allem die Musikszene. Nicht jeder, der mit **Dreadlocks** geschmückte Sängerinnen, Fußballer oder Filmstars bewundert oder selbst welche trägt, weiß, dass die Löwenmähne keine Modeerscheinung, sondern Manifestation eines biblischen Gebots und des jamaikanischen **Rastafari**-Glaubens ist.

Die Prophezeiungen des **Alten Testaments** werden von den Rastafari als Beweis für die göttliche Abkunft der Schwarzen interpretiert. Ihre Auslegung der Bibel gibt außerdem Glaubenssätze und Leitlinien für ein reines, gerechtes, naturverbundenes und lebensbejahendes Dasein vor. Besinnung und Stolz auf die spirituellen afrikanischen Wurzeln spielen dabei eine zentrale Rolle. So soll ein Rasta seine Haare weder schneiden noch kämmen, und das hat zur Folge, dass die krausen ›Locken‹ zu Strähnen verfilzen und die Furcht (›dread‹) erregende Haarpracht, biblisches Symbol der Lebenskraft, ungezähmt wächst.

Als Propheten ihres Glaubens, als ›Black Moses‹, verehren die Rastafari den Nationalhelden **Marcus Mosiah Garvey**, der 1918 die Emanzipationsbewegung UNIA [s. S. 43] ins Leben rief. Er predigte schwarze Selbstbestimmung und die Rückkehr der Verschleppten ins Gelobte Land Afrika. Garveys Weissagung, dass ein schwarzer König und Erlöser in Afrika gekrönt werde, fand in den 1920er-Jahren in den von Hoffnungslosigkeit überschatteten Ghettos von **Kingston** ein gläubiges Echo. Und dann – im Jahre 1930 – geschah es, dass Ras Tafari Makonnen als **Kaiser Haile Selassie** in Äthiopien den Thron bestieg. In ihm erkannten die sich alsbald unter dem Namen Rastafari formierenden Jamaikaner ihren Messias, die Reinkarnation des schwarzen Gottes auf Erden, welchen sie **Jah** (Jahwe = Gott Israels) nannten.

Die Rastas verstanden sich als einer der verlorenen Stämme des biblischen Israel, aus **Zion** (Äthiopien) verschleppt ins sündige **Babylon**. Das von Weißen dominierte Gesellschaftssystem lehnten sie ab. Sie wurden aufgrund ihres friedlichen Widerstands lange Jahre geächtet und von den Obrigkeiten schikaniert. Da die Dreadlocks im eigenen Land nichts galten, mussten erst Reggae-Musiker und Rasta-Botschafter wie Bob Marley internationalen Ruhm erlangen, bevor die unbequemen Außenseiter im Laufe der 1980er-Jahre in Jamaika allmählich akzeptiert wurden.

Die meisten der schätzungsweise mehr als 100 000 Rastafari der Insel führen auch heute noch ein bescheidenes, naturverbundenes Leben. Sie essen ausschließlich **Ital Food**, d. h. vegetarische Kost, das Rauchen von **Marihuana**, auch Ganja, Herb oder Weed genannt, gilt ih-

brandet (beim Schwimmen auf Unterströmungen achten). Schön ist eine Wanderung entlang der einsamen Küste zu den von Wasservögeln bevölkerten *Great Pedro Ponds* im Süden oder auf einem längeren Trail zum Great Salt Pond und dem Wallywash Pond im Nordwesten. Neben guten Wanderschuhen auch an ein Insektenschutzmittel denken.

i Praktische Hinweise

Information

www.treasurebeach.net

Touren

Treasure Tours, Calabash Bay, Treasure Beach, Tel. 876-965–0126, treasuretours jamaica.com. Ausflüge zu Attraktionen von Negril bis Nine Mile und Bootstouren entlang der Küste sowie Vermietung von Ferienhäusern in Treasure Beach.

Hotels

******Jake's***, Calabash Bay, Treasure Beach, Tel. 876-965-30 00, www.jakeshotel.com. Cottages und Zimmer in farbenfrohem Naturdesign als Melange aus jamaikanischen und orientalischen Stilelementen. Dazu Mini-Strand, Restaurant, Bar, Pool und Driftwood Spa direkt am Meer.

TOP TIPP ******Marblue Villa Suites***, Calabash Bay, Treasure Beach, Tel. 876-965-34 08, www.marblue.com. Das schöne Designeranwesen von Andrea und Axel Wichterich liegt in einem Garten am Meer. Die 10 geschmackvoll eingerichteten und mit viel Kunst ge-

Kultbild im Regenbogen – Haile Selassies Porträt und die Farben Rot, Grün, Gelb sind Symbole der Hoffnung und göttlichen Gegenwart (hier gerahmt von Marley-Plattencovers)

nen als heilige, den Geist reinigende Handlung. Ihre **Symbolfarben** Rot, Grün, Gelb und Schwarz sieht man überall in Jamaika, an Hütten und auf Hüten, an der Kleidung und an Kleinbussen. Als Manifestation ihres Glaubens benötigen Rastafari keine prächtigen Kirchen, und ihre Gottesdienste sind keine strengen liturgischen Zeremonien. Es sind vielmehr mehrtägige **Groundation** oder **Nyahbinghi** genannte Zusammenkünfte, bei denen viel über die Bibel gesprochen wird, und die Rastas lange meditative Lieder zu Ehren von Jah singen, begleitet vom Klang afrikanischer Trommeln.

Die Heimkehr ins **Gelobte Land** aber, in der Frühzeit der Bewegung als wahrer Exodus geplant, ist seit dem denkwürdigen Besuch Kaiser Haile Selassies in Jamaika 1966 vom Vorhaben zum Symbol mutiert. Schließlich hatte der Herrscher – völlig überrascht und überwältigt von der Verehrung, die man ihm auf der Karibikinsel entgegenbrachte – den Rastafari dringend geraten, ihre Befreiung zuallererst in Jamaika voranzutreiben.

schmückten Zimmer verfügen über Balkon bzw. Terrasse, zwei Pools liegen gleich vor der Tür. Himmlische Gourmetgenüsse bereitet Axel Wichterich im Restaurant zu, z. B. Snapper in Rôtisseur-Senf-Zabaglione oder gerösteten Schweinerücken, glasiert mit Guava und gefüllt mit Paprika und Scotch Bonnet, Star Anis und Ingwersoße. Zum Dessert gibt es hausgemachte Eiscreme.

****Sunset Resort Villas**, Calabash Bay, Treasure Beach, Tel. 876-965-01 43, www.sunsetresort.com. Das Guesthouse auf einer Poolterrasse über Meer und Strand besteht aus zwei Cottages mit Zimmern, Apartments und Restaurant.

****Treasure Beach Hotel**, Calabash Bay, Treasure Beach, Tel. 876-965-01 10, www.jamaicatreasurebeachhotel.com. Attraktive Anlage mit Pool und Restaurant in Hügellage über einem schönem Strandabschnitt.

Restaurant

Jack Sprat Café, neben Jake's, Calabash Bay, Treasure Beach, Tel. 876-965-35 83. Das rustikal-gemütliche Lokal direkt am Meer bietet Pizza und Suppe, Fisch und Meeresfrüchte, Bammy und Festival.

Nachtleben

Fisherman's Nightclub, Calabash Bay, Treasure Beach. Eine wahrhaft urige Landdisco, angeschlossen sind Restaurant und Zimmervermietung. Am Wochenende gibt es gelegentlich Livemusik.

Lieblich ist der Blick von der Steilklippe Lover's Leap auf Küste und Meer

44 Lover's Leap

TOP TIPP *Legende von einem tragischen Liebestod und fantastischer Panoramablick von der Felsklippe.*

Etwa 16 km östlich von Treasure Beach führt bei Southfield eine Abzweigung zur 3 km entfernten Küste. Hier stürzt der Ausläufer der *Santa Cruz Mountains* als gut 500 m hohe Klippe mit Namen Lover's Leap dramatisch ins Meer. Von der *Aussichtsplattform* auf ihrer Spitze bietet sich ein fantastisches Küstenpanorama. In der Ferne blinkt auf dem türkisfarbenen Meer oft ein weißes Segel und winzige Boote streben den Fischgründen um die Pedro Cays im Süden zu. Das schlichte *Chardley Restaurant* neben dem modernen, rot-weiß gestreiften **Leuchtturm** serviert Snacks, die weiter nördlich gelegene *Toby Bar* bietet passend zum Thema einen Lover's Punch.

Denn dem windumtosten Felsen soll der Legende nach eine unglückliche *Liebesgeschichte* zweier Sklaven zu seinem Namen verholfen haben. Der Besitzer einer Plantage hatte ein Auge auf das Mädchen geworfen, ihres ebenfalls in seinen Diensten stehenden Herzallerliebsten wollte er sich durch dessen Verkauf entledigen. Bevor es dazu kommen konnte, stürzten sich die beiden von der Klippe in die Tiefe, um im Tode für immer vereint zu sein.

In dieser Gegend leben übrigens einige hellhäutige grünäugige Jamaikaner. Es sind nicht etwa Nachkommen dieses grausamen Sklavenhalters, sondern Kindeskinder von schottischen Schiffbrüchigen, die hier im 18. Jh. gestrandet waren.

Wer frischen Fisch liebt, sollte unbedingt einen Abstecher über Junction und Bull Savannah nach **Alligator Pond** machen, einem der wichtigsten Fischerdörfer der Region. Entweder man kauft den Fang des Tages am Strand oder man lässt sich im *Little Ochie* (Tel. 876-852-6430, www.littleochie.com) verwöhnen. Das Strandrestaurant ist in bunten reetgedeckten Kanus auf Stelzen untergebracht und bietet köstlichen *Fish Tea* (Fischsuppe), Red Snapper, Krabben und Hummer, dazu gibt es Bammy oder Festival.

45 Black River

Schwarzer Fluss, blaues Holz und der Glanz vergangener Tage.

Ein schwunghafter Handel mit dem Blauholzbaum (*Haematoxylon campechianum*), mit dessen Farbstoff Textilien dunkelblau gefärbt wurden, bescherten dem Ort an der Mündung des *Black River* (20 km nordwestlich von Treasure Beach) im 18./19. Jh. eine kurze Blütezeit. Flößer brachten die Baumstämme den insgesamt 71 km langen Fluss hinunter zum Hafen in der tiefen Bucht, von wo Frachtschiffe die kostbare Ladung nach Europa und Nordamerika transportierten. Im *Waterloo House* (44 High Street) von 1875 wurde 1893 die erste elektrische Lampe auf Jamaika zum Leuchten gebracht, ab 1903 sah man auf den holprigen Straßen die ersten Autos, und auch bezüglich der Versorgung mit Telefonanschlüssen gehörte Black River zu den Pionierorten in Jamaika. Für Zerstreuung und Entspannung sorgten eine Pferderennbahn und ein Heilbad. Der Boom der Stadt hatte jedoch mit dem Aufkommen künstlicher Farbstoffe ein Ende.

Heute präsentiert sich die *Bezirkshauptstadt* des St. Elizabeth Parish als stilles Städtchen. Am Ostrand passiert man zunächst die über die Flussmündung führende Eisenbrücke. Gleich hinter dem *Hendriks & Co. Building* (1813) zweigt von der High Street rechts eine Straße zum Anleger für Bootsausflüge und zum Markt ab. Die High Street und ihre Fortsetzung, die Main Street, werden von

Im Mangrovendschungel des Black River tummeln sich exotische Vögel und hungrige Echsen

Holzhäusern im Gingerbread Stil, dem portikusgeschmückten *Courthouse* und der *St. Elizabeth Parish Church* (1837) mit ihren klassischen und gotischen Stilzitaten gesäumt. Eindrucksvollstes Beispiel der Gingerbread-Architektur ist *Invercauld Great House* von 1894.

Hier naht Erlösung vom Magenknurren – das possierliche Krokodil frisst seinem Gönner brav aus der Hand

Die größte Attraktion aber ist der Black River selbst. Ein Ausflug per *Sightseeing Boat* von der Anlegestelle nahe der Brücke führt durch die Wasser- und Mangrovenlandschaft des Flusses und seiner Seitenarme, die in das Feuchtgebiet des **Great Morass** eingebettet sind. Je weiter das Motorboot flussaufwärts vordringt, desto dichter wird der Mangrovendschungel. Ibisse und Reiher stolzieren auf der Suche nach Nahrung durch die mehr als 300 km² große Sumpflandschaft, in der auch zahlreiche andere Vogelarten beheimatet sind. Gelegentlich liegen **Krokodile** majestätisch und träge am Ufer des Flusses in der Sonne und beobachten aus Augenschlitzen heimlich ihre Umgebung. Dann wieder sieht man ein Paar Augen und Nasenlöcher aus dem Wasser zwischen den Mangrovenwurzeln hervorschauen, dort döst ein anderes Krokodil in den Tag hinein. Vielleicht bewachen diese Echsen, es sollen 300 am Black River leben, ja auch jene versteckten Felder, auf denen Gerüchten zufolge Marihuana angebaut wird? Die seit den 1970er-Jahren unter Schutz stehenden Krokodile bevölkerten einst in großer Zahl die Küsten der Insel und ein

Wind und Sonne zaubern Lichteffekte in das grüne Gewölbe der berühmten Bamboo Avenue

besonders hübsches Exemplar ziert zusammen mit einem Taino-Paar das jamaikanische Wappen.

i Praktische Hinweise

Touren

J. Charles Swaby Black River Safari, am Fluss, 1 Crane Rd., Black River, Tel. 876-965-25 13. Bootstouren auf dem Black River mehrmals täglich.

Restaurant

Cloggy's on the Beach, 22 Crane Road, Black River, Tel. 876-634-24 24, http://cloggysonthebeach.webs.com. Gemütliches Restaurant direkt am Wasser mit herrlichem Meeresblick, Hummer, dem Fang des Tages und traditionellem *Fish Tea*.

46 Bamboo Avenue und YS Falls

Wunderbarer Wasserfälle, scharfe Krebse und ein Tunnel durch einen Bambuswald.

Bei *Middle Quarters* 13 km nördlich von Black River verkaufen Straßenhändlerinnen entlang der A2 Plastikbeutel mit köstlichem Inhalt. *Peppered Shrimps* heißen die in feuriger Salz- und Pfeffersauce gekochten Flusskrebse. Folgt man der A2 weiter nach Nordosten, gelangt man zum schönsten Tunnel der Welt, TOP TIPP der mehr als 4 km langen **Bamboo Avenue**. *Bambusa vulgaris*, eine bis zu 30 m hoch wachsende Bambusart, gedeiht auf beiden Seiten des nahezu geraden Straßenabschnitts und formt ein lichtgrünes Gewölbe, in dessen Blättern sich die Sonne bricht.

Biegt man an der Straßenkreuzung bei Middle Quarters stattdessen in Richtung Nordwesten ab, erreicht man nach 3 km den Ort *YS* und wenig später die YS Falls. Auf den Ländereien der *YS Estate* werden heute Rennpferde gezüchtet, rotbraune Rinder gehalten und Papayas für den Export angebaut. Der knappe ungewöhnliche Name von Ort und Gutshof rührt wohl von den einstigen Eigentümern John Yates und Richard Scott her, deren Initialen auf den Zuckersäcken ihrer Plantage aufgedruckt waren. Die heutigen Besitzer des Landgutes, die Familie Browne, führt ihre Ahnenlinie übrigens direkt auf den *Marquis von Sligo* zurück, den Gouverneur von Jamaika zu den Zeiten der Sklavenbefreiung.

Doch nicht die Plantage selbst, sondern die Kaskaden der reizvollen Wasserfälle **YS Falls** (Tel. 876-997-6360, www.ysfalls.com, Di–So 9.30–15.30 Uhr, Mo/Fei geschl.) gehören zu den bedeutendsten Attraktionen der Region. Das Wasser des YS River stürzt hier in breiten Kaskaden über eine elegante Treppenfolge von sieben größeren und mehreren kleineren Klippen und Bänken über insgesamt 36 m hinab, formt Pools und Badewannen, in denen man schwimmen und sich erfrischen kann. In einem offenen Traktorbus werden die Besucher vom *Visitors Centre* (mit Souvenir- und Buchladen) über die Plantage bis zum idyllischen Picknickplatz am Fuß des Wasserfalls kutschiert. Hier befinden sich Umkleidekabinen, ein Restaurant und es werden Canopy Tours und River Tubing angeboten. Ein Spaziergang auf Holzstegen führt durch tropisches Grün hinauf bis zur imposantesten Kaskade der natürlichen Wasserspiele.

TOP TIPP

47 Appleton Estate

Nur wenige Äpfel, doch reichlich Zucker und sehr viel Rum.

Von YS führt die B6 in östlicher Richtung über das Städtchen *Maggotty* nach Appleton (12 km). Ein Zwischenstopp lohnt beim **Apple Valley Park** (Tel. 876-487-4521, www.applevalleypark.com, tgl. 10–17 Uhr, nur mit Voranmeldung) von Maggotty. Zu dem parkähnlichen Gelände mit Flüssen, Wiesen und Wäldchen gehört auch ein Restaurant. Von hier gelangt man auf Wanderwegen oder in einem offenen Traktorbus zur *Black River Gorge*, dem Flusstal mit Wasserfällen und natürlichen Badebecken. Wer möchte, kann hier Kanu fahren oder angeln, im Appelton Guesthouse jamaikanisch speisen oder auch übernachten.

Ein Stück weiter, im *Siloah Valley* am Oberlauf des Black River, residiert inmitten ausgedehnter Zuckerrohrfelder eines der Traditionsunternehmen von Jamaika, das seit 1749 einen der besten Rums der Welt produziert. Die Appleton Estate gehört seit langem zum Firmenimperium *Wray & Nephew*. John Wray, dessen Gründer, eröffnete 1825 in Kingston die Shake-

Nicht von dieser Welt – die YS Falls sind so fantastisch schön wie ein Filmset aus Hollywood

speare Taverne, in der er einen beliebten Hausbrand ausschenkte. Nachdem er seinen ambitionierten Neffen Charles Ward 1864 als Nachfolger in die Firma aufgenommen hatte, entwickelte sie sich unter dem Namen Wray & Nephew zum führenden Hersteller und Exporteur von **Jamaica Rum**. In Appleton werden heutzutage jährlich rund 16 000 t Zucker raffiniert und 10 Mio. Liter Rum destilliert. Im Rahmen der **Appleton Estate Rum Tour** (Tel. 876-963-9215, www.appletonestate.com, Mo–Sa 9–16 Uhr) lernen Besucher den Produktionsprozess kennen. Man kann vom Zuckerrohrsaft kosten, sieht die dunkle *Melasse* und schnuppert am gegorenen *High Wine*. Die Verkostung findet anschließend in der *John Wray Tavern* der Destille statt. Der dazugehörige *Shop* führt die ganze Palette der Appleton-Produkte, zu der auch sahnige Rumliköre gehören.

48 Whitehouse

Ein Ferienzentrum, ein Fischerdorf und kulinarische Köstlichkeiten.

Die Straße A2 von Black River nach Bluefields führt meist an der Küste entlang. Landeinwärts erstrecken sich Ländereien mit Rinderzucht und Pflanzungen, auf denen auch der beliebte Pimento-Pfeffer, *Allspice*, gewonnen wird. Das Dörfchen *Scott's Cove* 2 km südlich von Whitehouse ist einer der besten Orte der Insel, um *Bammy* zu kosten. Die Fladen aus Cassavamehl wurden schon an den Lagerfeuern der Taino geröstet. Sie munden be-

Esel an der Zuckerpresse – schwindelig wird ihm nicht vom Rum, sondern von den Runden

Hey, hoh und ne Buddel voll Rum

Einst war es das bevorzugte Getränk der britischen Marine und auch der karibischen Piraten, die dem **Rum** auf hoher See so manches trunkene Loblied sangen. Und noch heute wird Rum von ›harten Männern‹ mit Vorliebe pur getrunken. Andere genießen ihn lieber auf Eis oder mit Wasser verdünnt, und schließlich bildet er die Basis vieler bunter und fruchtiger Cocktails. Auf der Zuckerrohrinsel Jamaika hat das Destillat eine Tradition, die bis in die spanische Kolonialzeit (16./17. Jh.) zurückreicht. **Kill-devil** nannten die Briten die ersten höllisch scharfen Drinks, die entstanden, nachdem Melasse, ein süßlichbrauner Sirup und Restprodukt bei der Zuckerproduktion, fermentierte. Später nannte man das Feuerwasser **Rumbullion**, am Ende des 17. Jh. wurde Rum daraus. **White Overproof**, glasklarer Rum mit 64 % Alkoholgehalt, soll gegen alle Wehwehchen helfen. Er wird in zahllosen Rum Shops und Bars auf Jamaika ausgeschenkt. Der braune Rum erhält seine Farbtönung erst durch die Lagerung in **Eichenfässern**, die Zugabe von Karamel und allerlei streng geheim gehaltenen Aromamixturen. Der größte Exportschlager, der exzellente Jamaica Rum mit dem berühmten **Appleton** Label, lagert mindestens sieben Jahre. Erst dann ist er reif für den Ausschank in den Cocktailbars der ganzen Welt.

sonders gut mit gebratenem Fisch und direkt am Strand serviert.

Whitehouse selbst gilt mit seiner Flotte von über 60 Booten als wichtigster Fischerort an der Südwestküste. Im Morgengrauen kommen die Seeleute von den Fanggründen um die 130 km entfernten *Pedro Cays* zurück. Thunfisch, Marlin, Red Snapper oder Hummer werden gleich am Strand an Händler verkauft und können schon am Abend in Fischlokalen auf der ganzen Insel genossen werden.

i Praktische Hinweise

Hotel

******Sandals Whitehouse**, Tel. 876-640-30 00, www.sandals.com. Großzügige All-Inclusive Anlage (nur für Paare) am Strand inmitten eines Naturreservats mit Bauten im europäischen Stil, mit Riesenpools, Bars, sieben Restaurants und dem Café de Paris. Zum umfangreichem Freizeitangebot gehören auch Aufführungen in einem Amphitheater.

49 Belmont und Bluefields

Geschichtsträchtiger Küstenabschnitt und beliebter Wochenendstrand.

Die Küstenstraße A2 erreicht kurz hinter Whitehouse das Dörfchen **Belmont**. Der berühmteste Sohn des Ortes, der in Kingston ermordete Reggae-Musiker *Peter Tosh* (1944–1987), liegt hier begraben. Tosh, ein Gründungsmitglied der Wailers, startete wie Bob Marley nach 1974 eine Solokarriere. Bei seinem *Mausoleum* (tgl. 9–17 Uhr), es steht auf dem Familiengrundstück, werden auch Musikaufnahmen und Andenken an den rebellischen, systemkritischen Sänger und Songwriter verkauft.

Der benachbarte, wie eine Sichel geformte Strand von **Bluefields**, der *Bluefields Beach Park*, ist am Wochenende Ziel vieler jamaikanischer Familien. In der Bluefields Bay gründeten die Spanier einst die Siedlung *Oristano* und zwar noch vor der Etablierung der ersten offiziellen Siedlung Sevilla la Nueva (1509) an der Nordküste. Von Oristano ist außer Einträgen in alten Landkarten nichts erhalten. *Juan de la Costa*, Steuermann und Kartograph von Christoph Kolumbus, soll um 1503 die Gründung des Ortes angeregt haben. Ein spanischer *Handelsweg* schlängelte sich später von hier in nordöstlicher Richtung

Salut am Grab des Rasta-Rebel – Peter Tosh galt als Enfant terrible des Reggae

bis zur Mündung des Martha Brae River bei Falmouth. Der Plan, diese Strecke als attraktiven Wanderweg auszubauen, existiert bislang nur auf dem Papier.

Doch der Historie nicht genug: Im Jahre 1670 sammelte der berüchtigte Freibeuter und spätere Gouverneur von Jamaika, **Henry Morgan**, in der Bluefields Bay eine schlagkräftige Flotte von Piratenschiffen, um in einem Handstreich *Panama*, die bedeutendste Metropole Mittelamerikas und Umschlagplatz für Edelmetalle, zu plündern.

Im Westen der Bucht, auf dem Grund einer seit dem 18. Jh. bestehenden Plantage, liegt **Abeokuta Paradise Nature Park** (Tel. 876-465-95 80, tgl. 8–20 Uhr). Man kann die herrliche Landschaft bei einer *Nature Tour* erkunden, in der Bluefields Bay oder im Sweet River baden, den Regenwald durchstreifen und picknicken.

i Praktische Hinweise

Hotels

*******Bluefields Bay Villas**, Reservierung in den USA, Tel. 01-877-955-89 93, www.bluefieldsvillas.com. Luxuriöse Strandvillen in schöner Hanglage mit All-inclusive-Service, Hinzu kommen Pools, Tennisplätze und Sea Kajaks.

***Shades Cottage**, Bluefields, Tel. 876-955-81 02, www.shadescottage.com. Familienbetrieb mit Zimmern, Cottages und entspannter Atmosphäre zwischen Belmont und Bluefields.

Ricks Cafe
Ask your server for details

Negril und der Westen – Urlaubsfreuden am Silberstrand, pittoreske Klippenkulisse und Zuckerhäfen

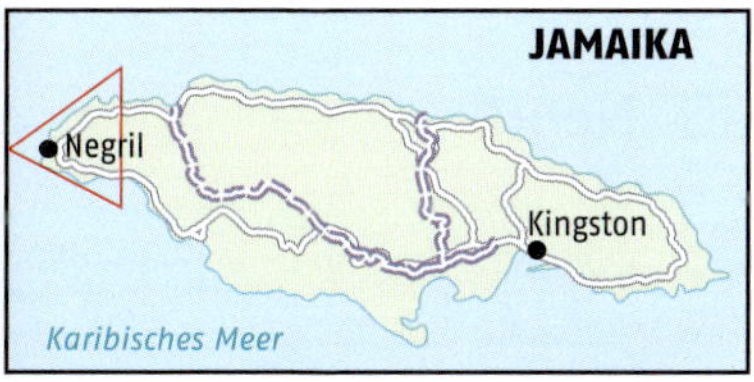

Die Küsten und Strände des Westendes von Jamaika bieten die besten Logenplätze für ein Naturschauspiel, das an Schönheit und Romantik kaum zu überbieten ist: Beim *Sonnenuntergang* werden Himmel und Meer von einem karibischen Farbenrausch erfasst, dessen Faszination sich kein Betrachter entziehen kann. In **Negril**, dem großen charmanten Feriendorf mit seinem 11 km langen *Traumstrand*, jedenfalls wird dieses Ereignis allabendlich andächtig bestaunt. Ansonsten hat sich in dem früheren Fischerort trotz trendignaturnahem Stranddaseins und von Reggae beschwingtem Nachtleben ein entspannter Lebensstil erhalten, der noch von den Zeiten zehrt, als Negril und die klippengerahmte Westküste durch die Wasser- und Sumpflandschaft des *Great Morass* und durch die *Negril Hills* vom Rest der Insel abgeschirmt waren. Entsprechend verschlafen wirken auch die kleinen Dörfer der Umgebung wie **Green Island** und **Little London**. Selbst einst bedeutende Zuckerexporthäfen wie **Savanna-la-Mar**, Kapitale des Westmoreland Parish, und **Lucea**, die beide in einem der wichtigsten Anbaugebiete von Zuckerrohr liegen, verströmen diesen nonchalanten Charme, der wie das zugleich von Schroffheit und Lieblichkeit gezeichnete Landschaftsbild zur Anziehungskraft der Region beiträgt.

50 Savanna-la-Mar

Bezirkshauptstadt mit vielen Kirchen und Einkaufszentren.

Die Hauptstadt des *Westmoreland Parish*, wie ihr Name sagt in der ›Ebene am Meer‹ gelegen, wurde um 1730 als *Hafen* für den Zuckerexport gegründet. Noch heute wird nördlich von Savanna-la-Mar, kurz *Sav* genannt, Zuckerrohr in großem Umfang angebaut. Die *Frome Sugar Factory* war in den 1930er-Jahren Ursache für die Gründung der ersten Gewerkschaft Jamaikas. Dieser große Verarbeitungsbetrieb war gegründet worden, um sieben kleinere zu ersetzten, die bis dahin die Ernte der 16 Plantagen der West Indies Sugar Co. bewältigt hatten. In Folge kam es zu Aufständen der betroffenen Arbeiter. *Alexander Bustamante* [s. S. 123] aus Lucea profilierte sich als Sprecher der Streikenden. Er gründete die *Bustamante Industrial Trade Union*, aus der dann die Jamaica Labour Party hervorging.

Schnurgerade zieht sich die annähernd 2 km lange Hauptstraße von Sav, **Great George Street**, bis zum Verladepier für Zucker am Hafen. Dort sind auch die vom Meer umspülten Überreste des nie vollendeten *Forts* auszumachen, dessen Mauern schon 1755 einstürzten. Aus ganz Westmoreland kommt man heutzutage zum Einkaufen nach Sav, und die Shopping Malls und Geschäfte an der Great George Street erfüllen viele Käuferwünsche. An der Flanke des 1925 errichteten *Courthouse* steht ein *Brunnenhäuschen* (1887) mit filigranem Eisengitter und verschönt die eher nüchterne Kulisse. Am Samstag findet in der Umgebung ein großer vielbesuchter **Markt** statt.

Nördlich von Sav in Richtung Pennycooke lockt **The Riverwalk** (Touren mit lokalen Guides von Negril, MoBay etc.), ein

Oben: *Negril Beach bietet trotz viel Urlaubstrubels immer wieder kontemplative Momente und Ausblicke wie hier am Strandabschnitt des Hotels Charela Inn*
Unten: *Selbst Rick's Café, der Besuchermagnet im West End von Negril, wandelt sich nach dem Sonnenuntergang zu einer Traumkulisse für schöne Urlaubsabende*

Naturpfad zu den **Mayfield Falls** (www.mayfieldfalls.com). Auf der geführten Wanderung geht es über eine Bambusbrücke zum Bamboo Village und dann flussaufwärts, teilweise durch den Fluss, zu schäumenden Naturpools, Katarakten und Wasserfällen sowie einer hinter einer Kaskade verborgenen Höhle. Nach dem erfrischenden Badeerlebnis spaziert man durch das üppige Grün zurück zum Bamboo Village, wo jamaikanische Speisen serviert werden.

51 Little London

Von Zuckerrohrfeldern und indischen Landarbeitern.

An London erinnert nichts außer dem Ortsschild in dem Dorf an der Straße A2 zwischen Savanna-la-Mar und Negril. Auf den Feldern der fruchtbaren Ebene wiegen sich Tausende von Zuckerrohrhalmen im Wind. Jamaika war *die* Zuckerinsel im Britischen Empire, und als nach der Sklavenbefreiung 1838 Mangel an Arbeitskräften herrschte, warb man auch aus Indien Leute an. Von den fast 40 000 indischen Vertragsarbeitern siedelte ein Drittel in der Umgebung von Little London, und noch heute leben zahlreiche indischstämmige Jamaikaner in der Gegend. Ihre Vorfahren hatten den *Curry* mit auf die Insel gebracht, längst unverzichtbarer Bestandteil vieler Nationalgerichte, und *Ganja*, schnellwachsendes Gras, das als Marihuana ebenfalls äußerst beliebt wurde. Für die Rasta mag es rituellen Charakter haben, doch in Jamaika ist der Besitz, Handel und Genuss von Rauschgift strafbar. Das gilt auch für Touristen, und so mancher leichtsinnige Urlauber ist hier schon ins Gefängnis gewandert.

52 Negril

Traumstrand, ›Easy Living‹ und wunderschöne Sonnenuntergänge.

Das kostbarste Gut des großen Urlaubsdorfes Negril ist sein 11 km (7 miles) langer Sandstrand *Long Bay*, der sich – beschattet von Kokospalmen, umspült vom türkisblauen Meer und gesäumt von einer Kette von Hotelresorts und Villen – zwischen Rutland Point und der Mündung des South Negril River erstreckt. Südlich dieses Flusses, hinter dem winzigen *Negril Village*, liegt das *West End* mit seinen kleinen originellen Hotels und Restaurants auf den mehr als 10 m hohen schroffen Klippen, an denen sich sprühend die Meereswogen brechen. Negril ist dank seiner natürlichen Reize und unvergleichlichen Atmosphäre eine verführerische Mischung, in seiner Faszination durchaus vergleichbar mit dem berauschend-süßen Cocktail *Sundowner*, der wiederum auf den optischen Höhepunkt des Negril-Tages verweist, auf das opulente Farbenspektakel, mit dem die Sonne am Abend im Meer versinkt.

Am Brunnen vor dem Courthouse – kann man Savanna-la-Mar gleich erkennen

Hit me with Music

In Jamaika hängt der Himmel voller Scheiben. Eine Insel, auf der wöchentlich Hunderte von Songs produziert und auf den Markt geworfen werden, kann nichts weniger als verrückt nach Musik sein. Doch Reisende bekommen nur selten **Reggae-Klassiker** zu hören. Außer auf Hotelpartys oder bei den Retro Nights der Clubs werden Songs von Bob Marley, Peter Tosh, Dennis Brown oder Gregory Isaacs kaum gespielt. Denn das Land ist seit Langem im **Dancehall-Fieber**, ein durchaus ansteckendes Leiden, wie die Welt spätestens seit Shaggy's ›Mr. Boombastic‹ (1995) weiß. Wo diese freche, provokante, angeberische und lustige DJ-Musik aus der Familie des Reggae entstanden ist, sagt ihr Name, in den Tanzschuppen, die von über die Insel ziehenden *Sound Systems* und **DJs** mit ihren heißen Plattentellern und gnadenlosen Lautsprechertürmen heimgesucht werden. In den 1970er-Jahren weiteten die DJs ihre Kompetenzen vom *Sound Selector*, der den mitreißendsten Musikmix präsentierte, zum *Toaster* aus. Über einem *Rhythm Track* oder einer *Dub Plate*, die Instrumentalversionen populärer Songs, sangen und schwätzten sie, die Urväter der Rapper und Hip-Hopper, brandaktuelle Kommentare zu den Tagesthemen, dem Nachtleben, zu Liebe und Leid. Der erste große DJ-Star **Yellowman** gab in den 1980er-Jahren mit seinen ätzenden Sprüchen voller Selbstironie und sexuellen Keckheiten den Tenor vor.

Noch heute toben sich die konkurrierenden Mikrofonakrobaten in solch rüder Slackness aus. Es gibt aber auch zahmere Songs von Stars wie Buju Banton, Jah Cure, Tarrus Riley, Sizzla und Capleton, die sich eher auf die **Roots** besinnen, die Wurzeln des Reggae im Weltbild der Rastafari. Doch weder sie noch die anderen **Titelverteidiger** des

›These are the days‹: der DJ Busy Signal bei den Reggae Academy Awards

21. Jh. wie Elephant Man, Beenie Man, Sean Paul, Bounty Killer, VYBZ Kartel, Assassin, Serani, Busy Signal und Mavado versagen sich die Freude daran, ihr Publikum mit Songs voller witzig-zynischer Betrachtungen über das Leben und die Liebe zu begeistern. Einige nahmen die Gewaltlyrics in ihren Songs zu wörtlich und sind inzwischen einschlägig vorbestraft oder im Gefängnis.

Die DJs geben auch bei der Verbreitung neuer **Tanzstile** den Ton an, die sich im Gefolge der Musik wie Lauffeuer über die Insel verbreiten. Sie stammen von Tänzern wie Ding Dong, Overmars, Pencil Man, Chicken & Beer, dem 2008 ermordeten David Smith aka Ice oder dem Idol Gerald ›Bogle‹ Levy († 2005). Die Choreographien aus coolen Schrittfolgen, Akrobatik und lebhaften Gesten tragen Namen wie Willy Bounce, Dutty Wine, Tek Weh Yuself, Hula Hoop, Daggerin', Gully Creepa, Nuh Linga, Sweep, Dip Again und Swagga. Wer hier uptodate sein will, muss hart trainieren. Doch auch für all die Jamaikaner, die auf dem Dancefloor nicht mit dem letzten Schrei Schritt halten können, bleiben der Spaß am Tanzen und die Freude an der Musik das Allerwichtigste.

Von Piraten und Blumenkindern

Nördlich von Long Bay öffnet sich eine zweite, kleinere Bucht namens **Bloody Bay**, die bis zum North Negril River reicht. In diesem natürlichen Hafen lagen im 16. Jh. häufig ganze Piratenflotten vor Anker, wenn sie nicht gerade auf der Jagd nach Handelsschiffen waren. *Punta Negrilla* nannten die Spanier den Küstenabschnitt nach den hier heimischen Flussaalen. Die ›Blutige Bucht‹ erhielt ihren abschreckenden Namen erst im 19. Jh., als *Walfänger* das Blut der ausgeweideten Tiere ins Meer fließen ließen. In den Jahrhunderten dazwischen hatte sich einiges ereignet. So versammelte der britische *Admiral John Benbow* 1702 seine Flotte in der Bucht für eine Seeschlacht gegen die Streitmacht des französischen Admirals Jean du Casse, die mit einer furchtbaren

Morgendliche Märchenstunde am Negril Beach zwischen Palmen, Sand und Meer

Niederlage enden sollte. 1720 hatten die Engländer dann mehr Grund zur Freude, denn es gelang ihnen, den gefürchteten Piraten *Calico Jack Rackham* nach einem Trinkgelage gefangen zu nehmen. Zu seiner Besatzung gehörten auch zwei Piratinnen in Männerkleidung, *Anne Bonney* und *Mary Read*. Weil beide Damen schwanger waren, entgingen sie dem Galgen, Rackham aber wurde in Port Royal aufgeknüpft. Von der Bloody Bay stach Ende 1814 auch der britische General Edward Pakenham mit 50 Kriegsschiffen in See, um New Orleans zu erobern, doch General Andrew Jackson rieb die Briten nahe der Mündung des Mississippi Anfang Januar 1815 auf. Viele Jahre später, 1953, war das der Bucht vorgelagerte Inselchen **Booby Cay** Schauplatz eines spannenden, aber friedfertigen Ereignisses, der Disney-Verfilmung des berühmten Jules-Verne-Romans ›20 000 Meilen unter dem Meer‹. Zu den Badestränden des Eilands veranstalten heute die Hotels Bootsausflüge inklusive Beach Party.

Kaum vorstellbar, dass Negril, das drittgrößte Ferienresort Jamaikas, einst ein isoliert gelegenes Fischerdorf war. Erst 1959 beschloss die Regierung unter Norman Manley, eine Straße von Montego Bay nach Negril zu bauen, die innerhalb des Ortes **Norman Manley Boulevard** heißt. In den 1960er-Jahren entstanden dann die ersten kleinen Pensionen und Hotels, Ziel zahlreicher ›Blumenkinder‹ aus den USA. Einigen gefiel es so gut, dass

Ganz schön abgehoben – Parasailing ist eine der Topattraktionen von Negril

sie blieben, heute sind sie erfolgreiche Hoteliers oder Restaurantbesitzer. In den 1970er-Jahre wurde Negril auch von Reiseveranstaltern entdeckt und 1977 entstand als erstes großes Resort das Negril Beach Village. Mitte der 1980er-Jahre ergriff das Strandparadies dann jener **Tourismusboom**, der bis heute unvermindert anhält. Praktizierter Umweltschutz und Bauvorschriften halten die Entwicklung etwas im Zaum. Eine Bestimmung legt z. B. fest, dass kein Gebäude die Palmen überragen darf.

Negril Beach – Baden und Laufen

Ein Pionier unter den jamaikanischen Hoteliers, Abe Issa, erfand in Negril die Idee der **All-inclusive-Resorts** für die Karibik neu und konnte mit seiner Anlage *Hedonism II* (damals Negril Beach Village) im Norden der Long Bay sowie Gerüchten über die dort stattfindenden freizügigen Partys und Sportvergnügungen die Fantasie vieler Urlauber beflügeln. Nicht weit vom ›Hedo‹ entfernt präsentieren sich heute – moralisch einwandfrei – mit dem *Sandals Negril* und dem Familienhotel *Beaches* die Häuser der Sandals-Kette von Butch Steward, Konkurrent von Paul Issa und seinen SuperClubs.

Eigentlich kann man die Urlaubskollektion von Schuhen gleich im Koffer lassen, denn an der Long Bay, dem TOP TIPP **Negril Beach** mit seinem weißen Puderzuckersand, läuft man barfuß. Der Strand ist eine wunderschöne 11 km lange *Sandpromenade*, auf der Urlauber aus aller Welt vom frühen Morgen bis in die Nacht auf und ab flanieren. Es geht vorbei an den Cottages der Guesthouses und den Palästen der eleganten Hotels, an Restaurants und kleinen Bars unter Palmen. An die guten alten Zeiten erinnern bunt bemalte Fruchtstände und Jerk-Grills, fliegende Händler mit Souvenirs, Getränken oder Bündeln grüner Kokosnüsse. Einige smarte Typen mischen sich unter die Menge und bieten verbotene Genüsse an, Ganja, Kokain oder Magic Mushrooms. Wieder andere setzen sich selbst in Szene und flirten mit den Fremden, die ja vielleicht auf der Suche nach einem jamaikanischen Liebesabenteuer sein könnten. Die meisten Besucher vergnügen sich aber einfach damit, am Strand zu liegen und zwischendurch im

Die Sümpfe des Great Morass sind Teil eines riesigen Naturschutzgebietes

kristallklaren Wasser zu baden. Die derart mit süßem Nichtstun ausgefüllten Tage klingen abends bei köstlichen Speisen in einem Strandrestaurant aus. Doch damit nicht genug: Negril bei Nacht gilt es zu erkunden, im Reggae-Rhythmus bei exotischen Drinks in einer Strandbar oder bei einer ausgelassenen Beach Party.

Während im Norden die Hotelresorts wie das schöne *Couples Swept Away* in ausgedehnten tropischen Gärten liegen, rücken die Hotels und Restaurants im Süden der Long Bay immer dichter zusammen. Lange vor dem Swept Away gab es übrigens schon **Cosmo's Seafood**, das weiter nördlich gelegene Strandrestaurant, in dem Fisch und Meeresfrüchte die Stars der Speisekarte sind. Ein ausgedehnter Spaziergang in Richtung Süden führt zu einer traditionsreichen Strandbar mit Freilichtbühne: **Alfred's Ocean Palace** ist einer der Treffpunkte von Negril mit interessantem Publikum und guten Reggae Shows. Nicht nur die luftige Holzarchitektur spricht für das weiter südlich gelegene Restaurant **Kuyaba**, hier werden köstliche Frühstücksvariationen und zum Dinner Hummerträume serviert. Um Souvenirs dreht sich alles im **Negril Craft Market**, der mit seinen bunt dekorierten Shops den Schlussakkord am Negril Beach setzt.

Great Morass und Negril Village

Long Bay und Negril Village werden im Osten gerahmt vom Sumpfgebiet des **Great Morass**. Als in den 1980er-Jahren Pläne zur Ausbeutung seiner Torfvorkommen ruchbar wurden, erhob sich ein derartiger Sturm der Entrüstung, dass die Regierung schnell die Finger davon ließ. Das *Negril Chamber of Commerce* erwies sich dabei als Vorreiter einer umweltbewussten Politik und trieb die Entwicklung eines Naturschutzgebietes voran, das sowohl den mehr als 24 km^2 großen Great Morass als auch das Korallenriff vor der Küste miteinbezieht. Am Ufer des *South Negril River* liegen Fischerboote, die man für Fahrten entlang der Küste oder flussaufwärts in den Great Morass mieten kann. Das tanninhaltige, dunkle Wasser verdankt der Fluss dem Torf des Feuchtgebietes. Richtung Savanna-la-Mar liegt die 120 ha große **Royal Palm Reserve** im Great Morass. Der Name der Reserve ver-

Oh, welch ein Finale – der Sonnenuntergang spielt vor Rick's Cafe im West End von Negril

weist auf die hier endemische Königspalme, die *Morass Royal Palm*. Insgesamt sind hier 114 Pflanzen- und 300 Tierarten beheimatet, darunter gefiederte Gesellen wie der Nationalvogel *Doctor Bird*, ferner Schmetterlinge, Schildkröten und Krokodile. Auch wenn das Schutzgebiet offiziell geschlossen ist, kann man sich eventuell mithilfe lokaler Führer einen Eindruck von der grandiosen Naturlandschaft machen.

Südlich der Brücke über den South Negril River markiert der Kreisverkehr das winzige **Negril Village**. Der Ort bietet mehrere große Shopping Center (www.negril.com/shopping), darunter das *Time Square* (Norman Manley Boulevard.) in Strandnähe, mit Post, Banken, verschiednenen Restaurants, Supermärkten und Souvenirläden. Hier findet man außer jamaikanischem Kunsthandwerk sowohl Parfüm als auch edlen Schmuck und elegante Uhren.

West End – Lifestyle on the Rocks

Die *West End Road* und im weiteren Verlauf die *Lighthouse Road* winden sich von Negril Village aus in Richtung Südwesten kurvenreich die Küste entlang durchs West End. Per Taxi, Fahrrad oder Motorroller kann man das Terrain erkunden. Die *Cliffs*, jene von schroffen Klippen, kleinen Höhlen, Felsplateaus und malerischen Buchten geprägte Kulisse, präsentieren das zweite, wildromantische Gesicht von Negril. Verspielte, gewagte und märchenhafte Villen, einfache Herbergen und kleine Luxushotels im romantischen Ethnodesign thronen inmitten tropischen Grüns hoch über dem Meer, in die Felsen sind kleine Pools, Treppen und Leitern zum Meer hineingemeißelt. Im West End erinnert noch vieles an den alternativen Lebensstil und eigenwilligen ländlich-kosmopoliten Charme vergangener Tage. Die Hotelgäste bleiben tagsüber auf den Cliffs meist unter sich, doch gegen Abend kreuzen plötzlich Katamarane und Kajaks, Fischerboote und Motorjachten vor der Felsküste, drängen sich die Gäste in **Rick's Café** um die besten Plätze für die große Schlussszene des Tages, den malerischen *Sonnenuntergang*. Die Aufmerksamkeit des Publikums nutzend springen Wagemutige von den 10 m hohen Klippen ins Meer. An der Bar

Tollkühne Sprünge wie die der Felsakrobaten an Rick's Café verdienen viel Applaus

herrscht unterdessen Hochbetrieb, denn Drinks dürfen bei solch einem Spektakel nicht fehlen.

Es gibt aber auch ruhigere Plätze z.B. im Bereich des **Negril Lighthouse**. Seit 1894 warnt das heute mit Solarenergie betriebene Leuchtfeuer Schiffe vor den Untiefen und Riffen der Küste. Südlich des Leuchtturms schwenkt die Küstenstraße, die dann bald *Ocean Drive* heißt, wieder nach Osten. Durch die wunderschönen *Negril Hills* führt dann eine Piste zurück auf die Straße Negril–Savanna-la-Mar.

Traumwelt unter Wasser

Gleich mehrere Agenturen bieten in Negril Tauchkurse an und organisieren Trips zu den vorgelagerten Korallenriffen, zu Tauchgründen wie *Arches*, *Throne Room*, *Shark's Reef* und *King Fish Point*. Die Küstengewässer stehen als **Negril Marine Park** unter Naturschutz. In der Tiefe sieht man farbige Schwämme, Seeanemonen, Elchhornkorallen mit ihren festen Skeletten, Fächerkorallen, die im Wasser wie im Wind schwanken, dazwischen gestreifte Sergeantfische, farbenprächtige Papagei- oder Kaiserfische und Meeresschildkröten. Einige *Schiffswracks* und zwei abgestürzte *Sportflugzeuge* liegen wie fantastisch geschmückte künstliche Riffe am Grund. Längst sind sie von der unglaublich farbenfrohen Flora und Fauna des Meeres in Beschlag genommen worden, wahre Augenweiden für Taucher.

i Praktische Hinweise

Flughafen

Negril Aerodrome, 11 km nordöstlich von Negril, Tel. 876-957-50 16. Innerjamaikanische Flüge.

Wassersport

Premium Parasail, Norman Manley Blvd., Negril, Tel. 876-957-39 28, www.premiumparasailjamaica.com. Flug über Wasser mit erfahrenen Parasail-Kapitänen.

SunDivers, Travelers Beach Resort, Norman Manley Blvd., Negril, Tel. 876-474-70 02, www.sundiversnegril.com. PADI-zertifizierte Tauchschule, zudem Schnorchel- und Glas-Bottom-Boot-Ausflüge.

YaMon Red Stripe Catamaran Cruises, neben Rondel Village, Norman Manley Blvd., Negril, Tel. 876-433-0178, http://yamonredstripecatamaran.com. Katamarantörn mit Schnorcheln, Bar und Dinner.

Fahrzeugverleih

Happy World Car & Bike Rentals, Norman Manley Blvd., Negril, Tel. 876-957-40 04, www.carrentalnegril.com. Schicke Motorroller, Jeeps und Pkws.

Jah B's, Negril, Tel. 876-957-42 35. Motorrad- und Motorroller-Vermietung.

Vernon's Car & Jeep Rental, Plaza de Negril, Negril, Tel. 876-957-43 54, http://vernonscarrental.com. Pkw- und Jeepverleih.

Taxi

JUTA Tours, Tel. 876-957-46 20, www.jutatoursnegrilltd.com

Hotels

*****Beaches Negril**, Norman Manley Blvd., Long Bay, Negril, Tel. 876-957-9270, www.beaches.com. Hübsch gestaltete All-inclusive-Anlage speziell für Familien mit Kindern.

*****Couples Swept Away**, Norman Manley Blvd., Long Bay, Negril, Tel. 876-957-59 60, www.couples.com. Geschmackvolle Anlage (nur für Paare) mit Cottages und Great House, mit Restaurants, Nachtklub usw. in traumhaftem Park am Strand. Vielseitiges Wassersportprogramm, Tennisplätze und Shops.

*****Grand Lido Negril**, Norman Manley Blvd., Bloody Bay, Negril, Tel. 876-684-5110, http://grandlidoresorts.com. Luxuriöses All-inclusive-Resort mit mit sechs Restaurants, Schnorcheln vor der Tür und einem separaten FKK-Bereich.

*****The Caves**, Lighthouse Rd., West End, Negril, Tel. 876-957-0270, www.islandoutpost.com. Künstlerisch gestaltete Cottages in Gärten über dem Meer mit Sonnenterrassen, Pool und einem stimmungsvollen Höhlen-Restaurant.

****Country Country**, Norman Manley Blvd., Long Bay, Negril, Tel. 876-957-4273, www.countrynegril.com. Originelles Hoteldorf am Strand mit farbenfrohen Holzhäusern im Gingerbread-Stil sowie gutem Restaurant.

TOP TIPP ****Rockhouse**, West End Rd., Negril, Tel. 876-957-4373, www.rockhousehotel.com. Stilvolle Cottages und Zimmer in tropischem Garten auf den Klippen. Das Restaurant mit romantischer Terrasse bietet jamaikanische Gourmetküche. Zum vielfältigen Spa- und Sportangebot gehören auch Yoga-Stunden.

****Sunset at the Palms**, Norman Manley Blvd, Negril, Tel. 876-957-5350, www.sunsetatthepalms.com. Die Bungalows (85 Zi.) mit Pool und Tennisplatz stehen auf Stelzen im Wäldchen, nur durch die Straße vom Strand der Bloody Bay getrennt.

***Charela Inn**, Negril Beach, Negril, Tel. 876-957-4648, www.charela.com. Kleines, hübsch eingerichtetes Hotel an einem ruhigeren Strandabschnitt mit Restaurant Le Vendôme.

Xtabi, Lighthouse Rd., West End, Negril, Tel. 876-957-0121, www.xtabi-negril.com. Nettes Anwesen mit Zimmern und Pool im Garten, rustikalen Cottages auf den Klippen und Restaurant. Durch eine Höhle gelangt man zur Sandbucht, über Treppen zu den Sonnenterrassen auf den Klippen.

Restaurants

TOP TIPP **Cosmo's Seafood**, Norman Manley Blvd., Negril, Tel. 876-957-4330. Das Lokal am Strand kredenzt wunderbare Fisch- und Muschelgerichte, darunter eine superbe Conch Soup.

In Höhlen trinkt und qualmt sich besser – die Cigar Bar im Hotel The Caves

›Ital Food‹: Im West End lockt Errols Royal Kitchen mit vegetarischen Genüssen

Just Natural, West End Rd./Hylton Ave., Negril, Tel. 876-957-0235. Das pittoreske Restaurant im Garten kredenzt köstliches Frühstück, später gibt es Vegetarisches, Fisch und Meeresfrüchte.

Kuyaba, Norman Manley Blvd., Negril, Tel. 876-957-4318, www.kuyaba.com. Muscheln, Fisch, Hummer, Lamm und Pasta, mit Blick auf den Strand.

Norma's on the Beach, Sea Splash Hotel, Norman Manley Blvd., Negril, Tel. 876-957-4041. Schönes Terrasssenlokal, kreative Küche mit exotischem Touch.

Pablo's Restaurant, West End Rd., Negril,Tel. 876-957-4669. Gute jamaikanische Küche, z. B. Stew Chicken, Curried Goat und Fisch. Außerdem gibt es ein reichhaltiges, kontinentales Frühstück.

Sips & Bites, West End Rd., Negril, Tel. 876-957-0188. Qualitätvolle jamaikanische Küche zu günstigen Preisen.

Sweet Spice, Sheffield Rd., Negril, Tel. 876-957-4621. Bodenständige jamaikanische Speisen wie Curried Chicken, Oxtail oder Fisch.

The Hungry Lion, West End Rd., Negril, Tel. 876-957-4486. Das legere Lokal bietet Seafood und Ital Food, außerdem gute Fruchtsäfte und Cocktails.

Zimbali's Mountain Cooking Studio, Canaan Mtn, Little London, Tel. 876-485-2789, http://zimbali-retreats.com. Im Restaurant der Biofarm südöstlich von Negril kann man Kräuter und Früchte selbst pflücken und in der Küche bei der Zubereitung zusehen. Köstliche vegane und vegetarische Speisen.

Nachtleben

Alfred's Ocean Palace, Norman Manley Blvd., Negril, Tel. 876-957-4669, www.alfreds.com. Drinks, Snacks und Reggae Shows bei ausgelassener Partystimmung. Livemusik Di, Fr, So.

Bourbon Beach, Norman Manley Blvd., Negril, Tel. 876-957-4432., www.bourbonbeachjamaica.com Bar und Restaurant. Livemusik und Party Mi, Sa.

Margaritaville, Norman Manley Blvd., Negril, Tel. 876-957-4467, www.margaritavillecaribbean.com. Umschwärmte Strandbar mit Restaurant, Musikkulisse und jeder Menge Unterhaltung.

Mi Yard, West End Rd., Negril, Tel. 876-957-4442, www.miyard.com. Der rustikale Hangout nicht weit vom Negril Village bietet Musik, Drinks und Fried Fish. Livemusik Di und Sa.

Rick's Café, West End Rd., Negril, Tel. 876-957-0380, www.rickscafejamaica.com. Klassiker für Sonnenuntergangsfans, lebhafte Bar, Restaurant und Pool. Treffpunkt der Felsenspringer.

TOP TIPP **The Jungle**, Norman Manley Blvd., Negril, Tel. 876-957-4005, www.thejunglenegril.com. Jamaikas In-Crowd tummelt sich in diesem Nachtklub mit Regenwalddekor und Sports Bar. Die tollsten Nächte für Tanzfans sind Do (Ladies Night) und Sa.

53 Orange Bay und Green Island

Warme Mineralquellen und kreisrunde Buchten nördlich von Negril.

Verlässt man Negril auf der A1 in Richtung Montego Bay, erreicht man nach wenigen Kilometern **Orange Bay** mit dem stillen Strand der *Half Moon Bay Beach*. Durstige können sich an die Bar zurückziehen, die gekühlte Drinks bereithält, Aber auch zu Essen gibt es hier etwas. 3 km weiter, an einem grauweißen Küstensaum, sorgen die heißen Mineralquellen von *Rhodes Mineral Springs*, für innere Erwärmung. Bald darauf ist der kleine Hafen **Green Island** in seiner tiefen Bucht erreicht, der auch über einige Jerk-Stände verfügt. Morgens und nachmittags bevölkern hier Schülerinnen und Schüler der örtlichen Realschule in ihren Uniformen die Straßen.

54 Lucea

Stiller Hafen der Kolonialzeit – mit preußischer Pickelhaube.

In dem zur Kolonialzeit geschäftigen *Hafen* für den Zucker- und Melasseexport dümpeln heute nur noch einige Fischerboote. Der zentrale Platz von Lucea (A1, 40 km von Negril) trägt den Namen von **Alexander Bustamante** (1884–1977), dem Begründer der Jamaica Labour Party und erstem Regierungschef des unabhängigen Jamaika. ›Chief Busta‹, der im nahen Dorf *Blenheim* geboren wurde, ist einer der Nationalhelden des Landes.

An die Blütezeit von Lucea erinnert das im georgianischen Stil erbaute **Courthouse** am Bustamante Square. Auf dem aus Stein gemauerten Parterre mit Arkadengang sitzt ein holzgeschnitztes Obergeschoss, Sonnenblenden zieren die Fenster. Ein *Uhrturm* (1817), dessen Dach an eine preußische Pickelhaube erinnert, krönt den Bau. Die große Uhr mit vier Ziffernblättern war eigentlich für die Karibikinsel St. Lucia weiter im Süden bestimmt und nur irrtümlich nach Lucea verschifft worden. Die Honoratioren des Ortes fanden jedoch Gefallen an dem Irrtum, und der Uhrturm konnte dank der Spende eines deutschstämmigen Plantagenbesitzers erworben werden.

Wann das nach Charlotte von Mecklenburg, der Frau des britischen Königs Georg III., benannte **Fort Charlotte** am Lucea Harbour errichtet wurde, ist ungewiss. In der Offiziersmesse dieser Festung lernte *Captain William Bligh* den jungen Fletcher Christian kennen und heuerte ihn für die verhängnisvolle Fahrt der ›*HMS Bounty*‹ 1787 an [s. S. 57]. Die Kasematten des Forts dienten einst als Verlies für rebellische Sklaven. Es blieben nichts als Ruinen und alte Kanonen, die auf die Einfahrt der Bucht zielen.

Das kleine **Hanover Museum** (Tel. 876-956-25 84, Mo–Do 8.30–17, Fr bis 16 Uhr) ist in einem früheren Kasernengebäude untergebracht, von dem aus man auf den *Watson Taylor Beach* blickt. Die Sammlung birgt Gebrauchsgegenstände aus der Kolonialzeit, darunter Gewichte und Maße, und bietet einen guten Eindruck von Jamaika zu Zeiten der britischen Herrschaft und der Sklavenwirtschaft.

Ganz in der Nähe liegt die **Dolphin Head Forest Reserve**. Rund um den *Dolphin Head Peak*, einen wie ein Delfinkopf geformten Bergrücken, breitet sich ein in weiten Teilen noch unberührtes tropisches Waldgebiet mit einer Fülle endemischer Pflanzen aus. Ein Wanderpfad erschließt Teile der faszinierenden Landschaft.

Dem wachsamen Gesetzeshüter von Lucea entgeht selbst das Auge einer Kamera nicht

Fisch auf Rädern in Green Island – die Diskussion über Gewicht und Qualität der Beute zieht sich meist länger hin

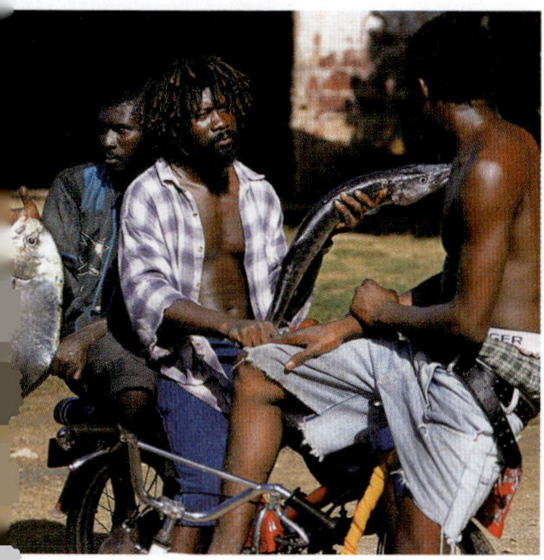

i Praktische Hinweise

Hotel

*******Grand Palladium Lady Hamilton Resort & Spa**, an der A1, Lucea, Tel. 876-619-00 00, www.palladiumhotelgroup.com. Elegante Hotelanlagen auf einer Landzunge mit etwa 1600 Suiten und Zimmern.

ADAC
ADAC Reiseführer
JETZT
mit Maxi-Klappkarten
London
Theater · Museen · Parks · Pubs · Aussichtspunkte
Shopping · Nachtleben · Hotels · Restaurants
London
TELEPHONE
QUALITÄT ZUM KLEINEN PREIS!

Jamaika aktuell A bis Z

Vor Reiseantritt

ADAC Info-Service:
Tel. 0800 510 11 12 (gebührenfrei)

ADAC im Internet:
www.adac.de
www.adac.de/reisefuehrer

Jamaika im Internet:
www.visitjamaica.com

Informationen sind erhältlich beim Jamaikanischen Tourismusbüro, das für Deutschland, Österreich und die Schweiz zuständig ist:

Jamaica Tourist Board (JTB), c/o Grafenstein Freizeit- und Tourismuswerbung GmbH, Tempelhofer Damm 94a, 12101 Berlin, Tel.: 030/805 85 92 80

Deutschland
Botschaft von Jamaika, Schmargendorfer Str. 32, 12159 Berlin, Tel. 030/85 99 45 11, www.jamaican-embassy-berlin.de

Schweiz/Österreich
Konsulat von Jamaika, Avenue de France 23, 1202 Genf, Tel. 022 731 57 80, mission.jamaica@ties.itu.int

Allgemeine Informationen

Reisedokumente

Für einen touristischen Aufenthalt von bis zu 90 Tagen benötigt man einen gültigen Reisepass (noch mind. 6 Monate gültig) sowie ein Rück- oder Weiterflugticket. Kinder benötigen einen Kinderreisepass. Auf Anfrage muss man ausreichende Geldmittel (bzw. Kreditkarte) für den geplanten Aufenthalt vorweisen können.

Kfz-Papiere

Es genügt der Nationale Führerschein, zusätzlich wird der Internationale Führerschein empfohlen.

Krankenversicherung und Impfungen

Der Abschluss einer privaten *Auslandsreisekranken- und Rückholversicherung* mit uneingeschränkter Kostenübernahme wird dringend empfohlen. Für Jamaika sind *keine Impfungen* vorgeschrieben, es sei denn, Reisende waren zuvor in einem Infektionsgebiet (z. B. Gelbfieber).

Zoll

Bei der *Einreise* sind pro Person (ab 18 Jahren) 200 Zigaretten, 1 l alkoholische Getränke (kein Rum!) sowie 170 ml Parfüm und 340 ml Eau de Toilette zollfrei, müssen aber deklariert werden. Die Einfuhr von frischen Lebensmitteln und Waffen ist nicht erlaubt. Bei *Ausreise* in ein EU-Land sind pro Person Waren im Wert von 430 € (Kinder bis 15 Jahre: 175 €) zollfrei, dazu 1 l Spirituosen mit mehr oder 2 l mit weniger als 22% Alkohol und 4 l Wein und 16 l Bier, 200 Zigaretten oder 100 Zigarillos oder 50 Zigarren oder 250 g Tabak.

Geld

Landeswährung ist der *Jamaican Dollar* (J$), unterteilt in 100 Cents (c). Es sind Banknoten in folgender Stückelung im Umlauf: 1000, 500, 100, 50 J$. Münzen gibt es zu 20, 10, 5, 1 J$, 50 c, 25 c. Die Ein- und Ausfuhr von J$ ist nicht erlaubt.

Der *US-Dollar* (US$) ist in Jamaika inoffizielle Zweitwährung und wird bei vielen Geldgeschäften bevorzugt. Es empfiehlt sich, etwas Bargeld in US$ (in kleinerer Stückelung) für Trinkgelder, Ausflüge etc. mitzunehmen. Die gängigen *Kreditkarten* (VISA, Mastercard) werden fast überall akzeptiert. Banken tauschen Fremdwährungen und Reiseschecks in J$. Mit Kreditkarte oder EC/Maestro-Karte kann man an Geldautomaten Bargeld in J$ oder US$ abheben. Alle Umtauschquittungen müssen bis zur Ausreise aufbewahrt werden.

Steuern

Eine allgemeine Verbrauchssteuer, *General Consumption Tax (GCT)*, von 16,5% wird auf die meisten im Lande erworbenen Waren und in Anspruch genommenen Dienstleistungen erhoben.

Tourismusämter im Land

Tourismusbüros des JTB sind im Haupttext unter *Praktische Hinweise* genannt.

JTB, Montego Bay Convention Centre, Rose Hall, St. James, Tel. 876-952-44 25

JTB, 64 Knutsford Blvd., Kingston, Tel. 876-929-92 00

Notrufnummern

Polizei, See- und Luftrettung: Tel. 119

Ambulanz, Feuerwehr: Tel. 110

Unfälle im Wasser: Coast Guard, Tel. 967 8031/8223/8190-3 Kingston bzw. Tel. 973 3256 Discovery Bay

ADAC Notrufzentrale München: Tel. 01149/89/22 22 22 (24 Std.)

ADAC Ambulanzdienst München: Tel. 01149/89/76 76 76 (24 Std.)

ÖAMTC Schutzbrief-Nothilfe: Tel. 01143/(0)1/251 20 00

TCS Zentrale Hilfsstelle: Tel. 01141/(0) 844 88 81 11

In Jamaika gibt es keinen *Straßenhilfsdienst*, große Mietwagenfirmen unterhalten jedoch 24-Std.-Telefondienste für Notfälle. Bei Unfällen sollte man auf jeden Fall die Polizei rufen.

Diplomatische Vertretungen

Botschaft der Bundesrepublik Deutschland, 10 Waterloo Rd., Kingston, Tel. 876-926-67 28, www.kingston.diplo.de

Honorarkonsulat der Republik Österreich, c/o Round Hill Hotel, Montego Bay, Tel. 876-940-24 04, josef@roundhilljamaica.com

Honorarkonsulat der Schweiz, c/o Swiss Stores Ltd., 107 Harbour St., Kingston, Tel. 876-948-96 56, kingston@honrep.ch

Besondere Verkehrsbestimmungen

In Jamaika herrscht *Linksverkehr*. Höchstgeschwindigkeiten sind innerorts 30 mph (50 km/h) und außerhalb von Ortschaften 50 mph (80 km/h).

Gesundheit

Die größte Gefahr für die Gesundheit besteht darin, die *Sonneneinstrahlung* zu unterschätzen. Eine Kopfbedeckung sowie Sonnenmilch mit hohem Schutzfaktor sind dringend anzuraten. Schmerz- oder Erkältungsmittel kann man auch in *Drugstores* kaufen. An der Hotelrezeption erfährt man die Adressen der ansässigen *Ärzte*. Das Risiko einer Infektion mit Erregern von Geschlechtskrankheiten oder mit dem HIV-Virus bei ungeschütztem Geschlechtsverkehr mahnt auch in Jamaika zu Schutzmaßnahmen.

Apotheken

Fontana Pharmacy, Fairview Town Centre, Montego Bay, Tel. 876-952-38 66

Ocho Rios Pharmacy, Ocean Village Shopping Centre, Ocho Rios, St. Ann, Tel. 876-974-23 98

City Plaza Pharmacy, City Centre Plaza, Harbour St., Port Antonio, Tel. 876-993-26 20

York Pharmacy, 91 Half Way Tree Rd., Kingston, Tel. 876-927-16 80

Negril Pharmacy, 14 Coral Seas Plaza, Negril, Tel. 876-957-40 76

Krankenhäuser

Cornwall Regional Hospital, Mount Salem Rd., Montego Bay, St. James, Tel. 876-952-51 00, www.cornwallregionalhospital.com

St. Ann's Bay Hospital, Seville Rd., St. Ann's Bay, Tel. 876-972-22 72

Port Antonio Hospital, Nuttall Rd., Naylors Hill, Port Antonio, Tel. 876-715-57 78

Andrews Memorial Hospital, 27 Hope Rd., Kingston, Tel. 876-926-74 01, www.amhosp.org

Maße und Gewichte

Die Maßeinheiten wurden Ende des 20. Jh. vom britischen auf das metrische System umgestellt. Gleichwohl sind in Jamaika die alten Angaben immer noch gebräuchlich.

1 inch (in)	= 2,54 cm
1 foot (ft)	= 30,48 cm
1 yard (yd)	= 91,44 cm
1 mile (mi)	= 1,609 km
1 ounce (oz)	= 28,35 g
1 pound (lb)	= 453,59 g
1 fluid ounce (fl oz)	= 29,57 ml
1 pint (pt)	= 0,47 l
1 quart (qt)	= 0,95 l
1 gallon (gal)	= 3,79 l

Sicherheit

Auch in Jamaika sollten Touristen auf ihre Habseligkeiten achten und Wertsachen im Hotelsafe aufbewahren. Einsame und nachts schlecht beleuchtete Straßen sollte man meiden, und sich spätabends bevorzugt per offiziellem Taxi fortbewegen. Die Dienste von hartnäckigen Straßenhändlern, Fremdenführern etc. sollte man bei Nichtinteresse höflich aber bestimmt ablehnen. Die Ghettos von Kingston oder Montego Bay sind keine Gegenden für Sightseeing auf eigene Faust. Homosexualität zur Schau zu stellen gilt als illegal.

Stromspannung

In Jamaika beträgt die Stromspannung 110 Volt/50 Hertz Wechselstrom. Einige Hotels verfügen auch über 220 Volt/50 Hertz. Die Steckdosen sind passend für nordamerikanische Blattstecker.

Zeit

Jamaika liegt in der Zeitzone der *Eastern Standard Time* (MEZ minus 6 Std., im Sommer minus 7 Std.).

Anreise

Flugzeug

Der **Sangster International Airport** (Montego Bay, Tel. 876-952-3124, www.mbjairport.com) ist der Flughafen für die großen Touristenzentren MoBay, Negril, Runaway Bay und Ocho Rios. Hier landen auch alle *Charterflüge*.

Vom **Norman Manley International Airport** (Palisadoes, Kingston, Tel. 876-924-8452, www.nmia.aero) sind auch Port Antonio und Treasure Beach gut zu erreichen.

Nach Montego Bay fliegt *Condor* (www.condor.com) von Frankfurt – mit Zubringern von Flughäfen in Deutschland, Österreich und der Schweiz. Von London starten *British Airways* (www.britishairways.com) und *Virgin Atlantic* (www.virgin-atlantic.com) nach Jamaika. Die Flugzeit von Europa beträgt etwa 10–12 Std.

Bei der Ein- und Ausreise ist am Airport eine *Entrance* bzw. *Departure Tax* von zzt. jeweils 20 US$ pro Person fällig. Bei den meisten Flugtickets sind diese Gebühren jedoch schon inbegriffen.

Schiff

Montego Bay, Ocho Rios und Port Antonio liegen auf der Route vieler Kreuzfahrtschiffe. Von Miami und Fort Lauderdale starten die meisten der Rundfahrten von Carnival Cruise Lines (www.carnivalcruiselines.de), Royal Caribbean Cruise Lines (www.royalcaribbean.de), Celebrity Cruises (www.celebritycruises.de) etc.

Bank, Post, Telefon

Bank

Öffnungszeiten: Mo–Fr 9–14/16 Uhr

Die meisten Banken haben Exchange-Schalter für den Umtausch von Fremdwährungen. Hier kann man auch mit Kreditkarte und unter Vorlage des Reisepasses Bargeld in J$ oder US$ abheben.

Post

Öffnungszeiten: Mo–Fr 9–17 Uhr

Postämter (www.jamaicapost.gov.jm) gibt es in den Ortszentren. Die Zustellung von Briefen und Postkarten nach Europa dauert per Luftpost bis zu vier Wochen.

Telefon

Internationale Vorwahlen

Jamaika 001 876
Deutschland 011 49
Österreich 011 43
Schweiz 011 41

Die Vorwahl 876 entfällt bei Anrufen innerhalb Jamaikas. Die in Europa üblichen Mobiltelefone funktionieren in Jamaika. Über *International Roaming* informiert der Netzbetreiber. Telefonkarten (*Prepaid phone cards*) fürs Festnetz und/oder Mobiltelefon (*Cell phone*) kann man in vielen Geschäften erwerben. Sie gelten auch für Auslandsgespräche. Wer häufiger telefonieren möchte, kann sich eine SIM-Card von Digicel, bmobile o.a. kaufen und nach Bedarf aufladen. Am teuersten sind die Telefongebühren im Hotel.

Einkaufen

Überall in Jamaika gibt es Straßenstände mit Souvenirs für jeden Geschmack, vor allem eine Fülle von Schnitzereien und geflochtener Gebrauchskunst. In MoBay, Negril, Ocho Rios und Kingston verkaufen Händler und Kunsthandwerker ihre Produkte auf dem **Craft Market**. Hier kann man neben Korbwaren Gemälde mit jamaikanischen Motiven, T-Shirts, gebatikte Hemden oder Kleider kaufen. Das Feilschen um Preise gehört zum Einkaufsvergnügen. Aber kaufen Sie keine

Produkte aus schwarzer Koralle (*Black Coral*) oder Schildkrötenpanzer (*Tortoise Shell*), denn die Lebewesen stehen unter Artenschutz und der Erwerb solcher Produkte ist strafbar.

Das Geschäft **Things Jamaican** (Devon House, 26 Hope Rd., Kingston) mit Filialen an den Flughäfen von Kingston und Montego Bay und an der Marina von Port Antonio präsentiert qualitätvolles Kunsthandwerk. Bemalte Keramik, Vasen, Skulpturen und Geschirr bietet **Wassi Art Pottery Works** in Ocho Rios und im Devon House, Kingston [s. S. 49, 76]. Karibische Kunst zeigen die **Gallery of West Indian Art** [s. S. 23] in MoBay sowie in Kingston u. a. die **Frame Centre Gallery** und die **Gallery Pegasus** (im Jamaica Pegasus Hotel, s. S. 78). Farbenfrohe Gürtel, Hüte sowie andere Kunstobjekte der *Rastafari* kann man in vielen Läden erwerben. Das **Bob Marley Museum** [s. S. 77] in Kingston zeigt eine interessante Auswahl, darunter Bob-Marley-Mode und -Schuhe.

Vor allem in MoBay und Ocho Rios sowie in den Abfertigungshallen der Airports locken zahlreiche **Duty Free Shops** mit Preisabschlägen für Uhren, Parfüm, Gold und Diamanten.

In den **Record Shops** größerer jamaikanischer Städte findet man Reggae Klassiker und Dancehall CDs. Doch auch nach der Heimkehr kann man sich mit Musik aus Jamaica bei Laune halten: Der größte Produzent von Reggae und Dancehall Music ist **VP Records** (www.vprecords.com) in New York. VP und das britische Label **Greensleeves Records** (http://greensleevesrecords.blogspot.co.uk) geben neben Solo-Alben von Sängern und DJs auch Dancehall-Rhythm-CDs heraus, die direkt aus den jamaikanischen Studios stammen. Die Scheiben kann man im Handel kaufen oder per Internet bestellen, die meisten Titel stehen zudem als Downloads zur Verfügung.

Berauschend wie die Musik sind weißer Overproof und goldbrauner **Jamaica Rum** sowie Rumlikör der Marken *Wray & Nephew* und *Appleton*. Jamaica Rum zählt schließlich zu den Besten der Welt. Gleiches gilt auch für den **Blue Mountain Coffee**. Die hochwertigen Bohnen sind auch in ihrem Herkunftsland recht teuer, doch immer noch ein äußerst wohlschmeckendes Mitbringsel.

Auch die scharfen **Saucen**, mit denen die Speisen auf den Jerk Grills gewürzt werden, sind beliebte Souvenirs. Außer den Essenzen, die an Jerk Centres in Flaschen abgefüllt verkauft werden, sind auch die Markenprodukte von *Pickapeppa* oder *Busha Browne's* zu empfehlen.

Essen und Trinken

Die jamaikanische Küche ist von vielen, ganz unterschiedlichen Kulturen geprägt, von englischen Einflüssen und indischen Gewürzen, vor allem aber von den vielfältigen Kochtraditionen Westafrikas. Die wahrhaft authentischen Genüsse findet man direkt an der Quelle, in einfachen jamaikanischen Lokalen oder sogar an einem der Straßenstände, wo in umgestalteten Ölfässern köstliches Jerk Chicken gegrillt oder Yam geröstet wird.

Backwaren und Früchte

Wer einen kleinen Imbiss zu sich nehmen möchte, findet in Bäckereien, Snack Shops und Fast Food Läden (Tastees, Island Grill) **Cocobread** und **Patties**, jene warmen, mit leckerem Fleisch, Fisch oder Gemüse gefüllten Teigtaschen, außerdem **Dunkanoo**, eine gebackene, in ein Bananenblatt gefüllte Masse aus Mehl, Zucker und Muskat. Als wahres Fest für die Augen und den Gaumen präsentieren sich die tropischen **Früchte**, neben vielen Bananensorten auch Mangos, Papaya, Guava, Ananas, rotschalige Otaheiti-Äpfel, die auf Jamaika aus Orangen und Mandarinen gezüchtete Ortanique und eine *Ugli Fruit* (hässliche Frucht) genannte, absonderlich aussehende aber saftig-süß schmeckende Grapefruit. Die Früchte Sapodilla, Sweetsop und Soursop werden bevorzugt zu Saft verarbeitet und können auch Bestandteil gehaltvoller Rumcocktails sein.

Flüssige Genüsse

Rum, ein Nebenprodukt bei der Zuckerherstellung, wird in winzigen *Rum Shop* genannten Bars an der Straße ausgeschenkt, häufig als weißer *Overproof* von 64 % Alkohohlgehalt, den die Jamaikaner mit Wasser oder Milch verdünnen. Außerdem gibt es den in Eichenfässern gelagerten goldbraunen Rum. Und niemand kann die köstlichen *Rumcocktails* zählen, die auf der Insel täglich kreiert werden. Auf der Fahrt durch das Land sieht man häufig am Straßenrand Stände mit grünen **Kokosnüssen** (*Jelly Coconut*).

Ackee, Bammy, Callaloo – das ABC der jamaikanischen Küche

Ohne ein Frühstück aus **Ackee and Saltfish** kann kein Jamaikaner lange leben. Das Fleisch der gelben Ackee-Frucht wird zunächst gekocht und dann mit Zwiebeln, Scotch Bonnet Pepper und Stockfisch in der Pfanne gewendet. Das köstliche Ergebnis ähnelt im Aussehen dem Rührei. **Callaloo** gehört zu den beliebtesten Gemüsesorten Jamaikas, schmeckt entfernt wie Spinat und wird ebenfalls zum Frühstück serviert. Gebratene **Plantains** oder Kochbananen und **Johnny Cakes** (*Fried Dumplings*) aus Maismehl runden das Frühstücksmenü ab.

Jerk Food gibt es erst zum Lunch oder Abendessen: Schweinefleisch, Huhn oder Fisch werden mit einer scharfen Würzmischung eingerieben und über Pimentoholz gegrillt. **Jerk Pork** gilt als Erfindung der Maroons, die in den Bergwäldern erjagte Wildschweine schon im 17. Jh. auf diese pikante Art zubereiteten. Wird Fisch nach portugiesischer Art in Essig mit Zwiebeln und Chilischoten eingelegt und nachher gebraten, heißt er **Escoveitched Fish**. Red Snapper, Grouper und Goldmakrele gehören zu den häufig zubereiteten Fischarten. Hummer, Garnelen und das feste Fleisch der Conch (Meeresschnecke) werden vor allem in der Wintersaison als kulinarische Leckerbissen serviert. Doch auch für **Fried Fish** und **Bammy**, gebratenen Fisch mit Cassava-Fladen oder Fried Fish und **Festival**, einem leicht süßen Gebäck, gehen Jamaikaner meilenweit.

Curried Goat, in Currysauce serviertes Frikassee von der jungen Ziege, ist

Rot, grün und gelb ist die jamaikanische Küche mit Spezialitäten wie Ackee, Plantains, Johnny Cakes und Callaloo

eine weitere beliebte Spezialität. Curry wurde übrigens von den im 19. Jh. eingewanderten Indern auf die Insel gebracht. Zu den meisten Gerichten werden **Rice and Peas** (Reis und Kidney-Bohnen), mit verschiedenen Gewürzen in Kokosmilch gekocht, als Beilage serviert. **Pepperpot Soup** ist ohne Zweifel die beliebteste Suppe in Jamaika. Wieder spielt Callaloo, diesmal gekocht und feingewiegt, die Hauptrolle bei der Zubereitung, dazu kommen Okra-Gemüse, verschiedene Gewürze und je nach Geschmacksrichtung Rindfleisch oder Schweinefleisch. Gar nicht wie Tee schmeckt der ebenfalls köstliche **Fish Tea**, eine Suppe aus frischem Fisch, Yam, *Boiled Dumplings* und Gemüse.

Für Vegetarier ist Jamaika geradezu ein Paradies. Die Rastafari nennen ihre fleischlosen Reis- und Gemüsegerichte **Ital Food**. Die vierlerorts vorhandenen Ital Restaurants servieren folglich fantasievolle köstliche Speisekreationen.

Der Verkäufer schlägt mit einer Machete (*Cutlass*) die Spitze der Nuss ab, sodass man die kühle, klare Flüssigkeit aus dem Inneren genießen kann. Einige weitere Machetenhiebe und das köstliche, geleeartige Fleisch ist freigelegt und kann herausgelöffelt werden. Als hervorragender Durstlöscher hat sich auch das jamaikanische **Red Stripe Beer** bewährt, das seinen Markennamen von dem breiten roten Seitenstreifen an der Uniformhosen der Polizisten herleitet. Der jamaikanische Kaffee gehört zu den teuersten Sorten der Welt. Dies trifft zumindest auf den exklusiven **Blue Mountain Coffee** zu, aber auch Marken wie Mountain Blend, Low Mountain oder High Mountain Coffee können sich schmecken lassen. Wer gerne **Tee** trinkt, muss auch in Jamaika nicht darauf verzichten. Es empfiehlt sich jedoch, die Bestellung zu präzisieren, da eine Menge heißer Getränke und Gerichte *Tea* genannt werden, wie z. B. die gehaltvolle Fischsuppe.

Trinkgeld

In manchen Restaurants sind bereits 10 % *Tip* (Trinkgeld) in der Rechnung enthalten und dort entsprechend ausgewiesen. Ansonsten werden bei gutem Service in der Regel Trinkgelder von 10–20 % gezahlt. Auch andere Dienstleistungen rund um den Tourismus sollten mit einem Tip honoriert werden.

Feiertage

1. Jan. (*New Year's Day*), *Ash Wednesday* (Aschermittwoch), *Good Friday* (Karfreitag), *Easter Monday* (Ostermontag), 23. Mai (*Labour Day*, Tag der Arbeit), 1. Mo im Aug. (*National Emancipation Day*, Tag der Befreiung), 6. Aug. (*National Independence Day*, Unabhängigkeitstag), 3. Mo im Okt. (*National Heroes' Day*, Tag der Nationalhelden, 25. Dez. (*Christmas Day*), 26. Dez. (*Boxing Day*).

Blaue Welle – der Karneval in Kingston ist auch bei Kindern beliebt

Festival und Events

Der jamaikanische Veranstaltungskalender ist voller Highlights: Musik-Festivals von Reggae bis Jazz, Sport-Wettkämpfe von Segeln über Golf bis Polo, Modeschauen, Kulinarik- und Party-Events, sowie traditionelle Feste von Maroons bis Carnival nehmen einen breiten Raum ein. Wer seinen Urlaub rund um eine dieser Veranstaltungen planen möchte, sollte frühzeitig aktuelle Informationen (z. B. JTB, www.visitjamaica.com) einholen und rechtzeitig buchen.

Januar

Accompong: *Accompong Maroon Festival*, Umzüge und Tänze im Gedenken an den Friedensschluss mit den Briten nach dem Ersten Maroon-Krieg 1739 (6. Jan).

St. Ann: *Rebel Salute*, http://rebelsaluteja.com, Roots Reggae Festival auf dem Richmond Estate an der Nordküste (Mitte Jan.).

Jamaica: *Jamaica Jazz & Blues Festival*, Tel. 876-953-82 82, www.facebook.com/jamaicajazzandblues. Siebentägiges internationales Musikevent an diversen Spielorten (Ende Jan.).

Februar

Jamaika: *Bob Marley Week*. Zahlreiche Kulturevents und Livemusik anlässlich des Geburtstags von Bob Marley (6. Febr.).

Hope Bay, Portland: *Fi Wi Sinting*, www.fiwisinting.com. Festival rund um das afrikanische Kulturerbe Jamaikas mit Musik, Tanz, Gesang und Markt (Mitte Febr.).

Montego Bay: *Pineapple Cup Montego Bay Race*, www.pineapplecup.com, Montego Bay Yacht Club. Alle zwei Jahre veranstaltete Segelregatta von Fort Lauderdale nach Montego Bay (2019, 2021…).

März/April

Montego Bay, Negril: *Spring Break*, www.springbreakjamaica.com. Studenten aus den USA suchen während der Semesterferien die Insel heim und feiern ohne Unterlass mit Partys, Livemusik, Sport-Wettkämpfen etc.

Montego Bay: *Montego Bay Yacht Club Easter Regatta*, Tel. 876-979-80 38, www.mobayyachtclub.com. Viertägiger Segelwettbewerb um Ostern.

Kingston, Ocho Rios, Montego Bay: *Jamaica Bacchanal*, www.bacchanaljamaica.com. Mehrtägiges Festival mit Kostümparaden, Straßenfesten und Livemusik.

Mai

Ocho Rios: *Jamaica Jam Music Festival*. Open-Air Konzerte am James Bond Beach.

Caymanas: *All Jamaica Polo Championship*, Kingston Polo Club. Von Dezember an spielen die Poloteams ihre Meisterschaft aus, um schließlich den Sieger zu küren (Mitte Mai).

Treasure Beach: *Calabash International Literary Festival*, Tel. 876-965-30 00, www.calabashfestival.org. Alle zwei Jahre stattfindendes Fest der Dichter und Schriftsteller plus Livemusik (2018, 2020 …).

Juni

Kingston: *Caribbean Fashion Week*, Tel. 876-968-1089 www.caribbeanfashion week.com. Modenschauen von über 50 Designern aus 20 Ländern der Welt.

Ocho Rios: *Ocho Rios Jazz Festival*, Tel. 876-927-3544, www.ochoriosjazz.com. Beliebter Jazz-Event mit Spitzenmusikern aus aller Welt.

Juli/August

Kingston: *National Dance Theatre Company*, Tel. 876-631-5879, www.ndtcj amaica.org. Sommersaison der Tanztruppe im Little Theatre.

Juli

Montego Bay: *Reggae Sumfest*, www.reggaesumfest.com. Hochkarätiger Konzertmarathon mit brandaktueller Reggae und Dancehall Music.

Port Antonio: *Portland Jerk Festival*, Tel. 876-543-1242. Großes Grillfest mit Musik und Unterhaltung für die ganze Familie.

August

Jamaica: *Emancipation & Independence Day Celebration*. Feiern, Umzüge und Livemusik zum Unabhängigkeitstag.

Kingston: *Miss Jamaica World Beauty Pageant*, www.missjamaicaworld.com. Der Schönheitswettbewerb gilt als ein großes gesellschaftliches Ereignis.

September

Port Antonio: *International Marlin Tournament*, Errol Flynn Marina, Tel. 876-927-0145. Sportangler machen Jagd auf große Fische.

Dezember–April

Kingston: *LTM National Pantomime*, Tel. 876-926-6129. Ein Musical mit aktueller Anspielungen auf Politik und Alltag eröffnet die Saison im Little Theatre.

Dezember

Montego Bay: *Pro-Am Golf Tournament*, www.jamaicaproam.com. Golfwettbewerb auf den Plätzen The White Witch und Cinnamon Hill Golf Course.

Negril: *Reggae Marathon, Half Marathon & 10 k*, Tel. 876-922-8677, www.reggae marathon.com. Laufwettbewerb mit Reggae Music und Pasta Party.

Jamaika: *Christmas and New Years Bash*es. Von der Vorweihnachtszeit bis Neujahr gibt es überall Shows mit den Stars der jamaikanischen Musikszene.

Portmore: *Sting*, Jam World Entertainment Centre, www.bringthesting.com. Das eintägige Dancehall-Festival wird wegen seiner gnadenlosen DJ-Clashes stets mit Spannung erwartet (26. Dez.).

Klima und Reisezeit

Jamaika verfügt über ein recht ausgeglichenes Klima ohne große Temperaturschwankungen. An den Küsten wird es am Tage zwischen 22 °C und 31 °C warm. Passatwinde wehen als leichte Brise von See her und machen die Luftfeuchtigkeit erträglich. Während der Hurricane Season von Juni bis November kann es zu *Wirbelstürmen* kommen, von denen die stärksten als Hurrikans auch auf Jamaika treffen können. Während der *feuchteren* Jahreszeiten im Mai/Juni sowie zwischen September und Januar kommt es regelmäßig zu Regenschauern, die jedoch bald wieder von Sonnenschein abgelöst werden. Im Portland Parish um *Port Antonio* regnet es im Jahresverlauf am meisten, im Westmoreland Parish um Savanna-la-Mar werden die geringsten Niederschläge verzeichnet. In den Bergen kann es abends erstaunlich kühl werden (bis zu 4 °C).

Die Formel für die Umrechnung der Temperatur von Fahrenheit (°F) in Celsius (°C) lautet: °C = (°F-32) x $^5/_9$

Celsius	15°	20°	25°	30°	35°	40°
Fahrenheit	59°	68°	77°	86°	95°	104°

Klimadaten Montego Bay

Monat	Luft (°C) min./max.	Wasser (°C)	Sonnen-std./Tag	Regen-tage
Januar	22/28	26	7	11
Februar	22/28	26	8	9
März	23/29	26	8	7
April	23/29	27	8	7
Mai	24/30	27	8	12
Juni	25/31	28	8	11
Juli	25/31	28	8	8
August	25/31	29	8	10
September	25/31	28	7	14
Oktober	24/30	28	7	14
November	24/29	27	7	13
Dezember	23/28	27	7	11

Kultur live

Die Theater in *Kingston* geben mit der National Pantomime, dem National Dance Theatre, dem National Choir oder den Ja-

Begeistertes Publikum bei einem Bob-Marley-Gedenkkonzert

maica Folk Singers den Ton an. Eine weitere Bühne gibt es in Montego Bay.

Fairfield Theatre, Fairfield Road, Montego Bay, Tel 876-952-0182. Innovative Bühne der Montego Bay Little Theatre Company. Auch kleinere Produktionen und Performances finden hier ihr Publikum.

Little Theatre, 4 Tom Redcam Dr., Kingston, Tel. 876-926-6129, www.ltmpantomime.com. Heimstätte des *Little Theatre Movement*. Berühmt sind die Aufführungen der *LTM National Pantomime* [s. S. 131]. Zum Spielplan des Theaters gehören auch Auftritte der *National Dance Theatre Company* und der *Jamaica Folk Singers*. Die Werkstattbühne *Little Little Theatre* hat sich innovativen Bühnenproduktionen verschrieben.

Nachtleben

Die Jamaikaner machen zu jeder sich bietenden Gelegenheit die Nacht zum Tage, und selbst auf dem Land fernab der Städte gibt es Bars, Diskotheken und *Dances* mit ganz viel Musik und mitreißenden DJs. Mithilfe der *Sound Systems* werden auch einfache Straßen schnell zu Schauplätzen nächtlicher Partys. Den Urlaubern präsentieren größere Hotels außerdem Abende mit Musik-, Tanz- und Folkloregruppen. Die zur Zeit angesagtesten Klubs und Street Dances sind bei den jeweiligen Orten im Haupttext unter *Praktische Hinweise* zu finden (Infos beim JTB, www.visitjamaica.com).

Sport

Baden

Die Strände und Buchten Jamaikas sind zum Schwimmen und Baden in der Regel gut geeignet. Hoher Wellengang mit Unterströmungen kommt am ehesten an der Südküste bei Treasure Beach und im Nordosten der Insel bei Long Bay vor.

Golf

Jamaika verfügt über Spitzen-Golfplätze mit landschaftlichen Reizen und sportlichen Herausforderungen (Infos: www.jamaicagolf.com).

Montego Bay

Cinnamon Hill Golf Club, Queen's Highway, Rose Hall, Tel. 876-953-2984, https://rosehall.com, 18-Loch-Platz mit spektakulären Fairways und Greens.

Half Moon Golf Club, Half Moon Club Resort, Rose Hall, Tel. 876-953-2211, http://halfmoon.rockresorts.com. Von Robert Trent Jones kreierter 18-Loch-Platz.

SuperClubs Ironshore Golf & Country Club, Ironshore, 5 km östl. von Montego Bay, Tel. 876-953-3681. Gute 18-Loch-Anlage.

The Tryall Club, Tryall Club Hotel, Sandy Bay, 24 km südwestl., Tel. 876-956-5660, www.tryallclub.com. 18-Loch-Kurs auf einer früheren Plantage.

The White Witch, Rose Hall, Tel. 876-632-7444, www.whitewitchgolf.com. Der von Stardesigner Robert van Haage gestaltete 18-Loch-Platz liegt auf dem Gelände der Rose Hall Plantage.

Runaway Bay

Jewel Runaway Bay Beach & Golf Resort, Main Street/North Coast Highway,

Runaway Bay, St. Ann, Tel. 876-633-4000, www.jewelresorts.com. Der 1960 eröffnete 18-Loch-Kurs liegt am Meer.

Ocho Rios

Sandals Golf & Country Club, Main St., Ocho Rios, 3 km östl., Tel. 876-975-0119, www.sandals.com. 18-Loch-Platz mit Meerblick.

Kingston

Caymanas Golf & Country Club, Caymanas Estates, 15 km westl. von Kingston, Tel. 876-746-9772, www.caymanasgolf club.com. 1958 eröffneter 18-Loch-Platz in schöner Landschaft.

Constant Spring Golf Club, Constant Spring Rd., Kingston, Tel. 876-755-2066, www.constantspringgolfclub.com. Seit 1920 bestehender und reizvoll gelegener Platz.

Mandeville

The Manchester Country Club, Caledonia Rd., Mandeville, Tel. 876-962-2403. Der älteste Golfplatz der Insel ist eine 9-Loch-Anlage.

Negril

Negril Hills Golf Club, Sheffield Rd., östl. von Negril, Tel. 876-957-4638, www. negrilhillsgolfclub.com. 18-Loch-Anlage in den Hügeln.

Radsport

Auch wenn wegen der häufig rabiaten Autofahrer das Radfahren auf den Straßen Jamaikas mit nervlichen Belastungen einhergeht, sind die Streckenverläufe eigentlich ideal für Mountainbike-Touren. Vor allem in *Negril* gibt es viele Verleihstationen für Räder und es werden Touren in die Negril Hills angeboten.

Blue Mountain Bicycle Tours, Tel. 876-974-7075, www.bmtoursja.com. Ausflüge, bei denen Räder und Fahrer per Bus in die Blue Mountains gebracht werden. Man radelt bergab durch das Buff Bay River Valley bis zur Küste.

Banmark Bike Rental, West End Road, Negril, Tel. 876-957-0197. Fahrradverleih.

JuJu Tours, West End Road, Negril, Tel. 876-833-2921, www.jujutours.com. Fahrradtouren in und um Negril.

Wright's Bike Rental, Norman Manley Boulevard, Negril, Tel. 876-957-4908. Fahrradverleih.

Reiten

Rocky Point Riding Stables, Half Moon Club, Rose Hall, Tel. 876-953-2286, www.horsebackridingjamaica.com. Reitunterrricht und geführte Ausritte.

Braco Stables, Duncans, Trelawny, Tel. 876-954-0185, www.bracostables.com. Ausritte über Land, ans Meer und durchs Wasser.

Jamaica Horseback Ride n' Swim, Laughlands, St. Ann's Bay, Tel. 876-979-8500, http://chukka.com. Reitausflüge in die Berge aber auch zum Strand und ins Meer.

Prospect Plantation, 5 km östl. von Ocho Rios, Tel. 876-994-1058, www.prospectoutbackadventures.com. Romantische Plantagenausritte.

Segeln und Surfen

In Ocho Rios, Montego Bay und Negril kann man wunderbar surfen und segeln. Zahlreiche Anbieter vermieten Surfbretter und Segelboote entlang der Strände, und viele der Hotels halten Bretter und Boote für ihre Gäste bereit.

Tauchen und Schnorcheln

Küstennahe Korallenriffe, Schiffs- und Flugzeugwracks bieten aufregende Einblicke in die Unterwasserwelt. Zu beachten: Viele Küstengebiete stehen unter Naturschutz. Verboten sind z. B. das Berühren der Korallenriffe sowie das Sammeln von Korallen und Muscheln. *Schnorchelausrüstungen* kann man fast überall leihen. Viele große Hotels verfügen zudem über *Tauchschulen* mit internationaler Lizenz z. B. PADI, die Tauchgänge organisieren und Ausrüstung verleihen. Anfänger müssen vor einem Schnuppertauchgang einen Einführungskurs absolvieren oder melden sich gleich für einen *Tauchkurs* mit Zertifizierung (Tauchschein, Brevet) an. Ausgewählte Dive Shops sind bei den jeweiligen Orten im Haupttext unter *Praktische Hinweise* aufgeführt.

Discovery Bay Marine Lab Chamber, Discovery Bay, Tel. 876-973-2241. Dekompressionskammer (Hyperbaric Chamber).

Tennis

Die meisten Hotels verfügen über Tennisplätze, manche können auch von Nicht-Gästen gegen Gebühr benutzt werden.

Wandern

Die besten Wanderstrecken bieten die **Blue Mountains**, die durch mehrere Anbieter erschlossen werden, z. B. *Sun Venture Tours* (Tel. 876-960-66 85, www.sunventuretours.com, s. S. 87). Sehr beliebt sind der Trail auf den Catherine's Peak, der nördlich von Newcastle von der B1 abgeht, der lange Marsch auf den Blue Mountain Peak oder der Fairy Glade and Mount Horeb Trail, der beim Gap Café von der B1 abzweigt und durch dichtes Gehölz mit üppig wachsenden wilden Lilien bergaufwärts strebt.

Von **Port Antonio** (*The Portland Experience*, Tel. 876-654-18 93, www.explorejamaica.com.jm) aus werden ebenfalls Ausflüge angeboten, z. B. Touren durch die Blue Mountains und zum Maroons Cultural Center.

Im Westen Jamaikas bietet sich das **Cockpit Country** (*Cockpit Country Adventure Tours*, Tel. 876-610-08 18, www.stea.net) für Wanderungen an. In diesem Gebiet sollte man nicht ohne Führer laufen, da das Terrain riskant ist.

Statistik

Lage: Jamaika gehört zur karibischen Inselgruppe der Großen Antillen. Sie liegt etwa 160 km westlich von Hispaniola und 145 km südlich von Kuba.

Fläche: Die ellipsenförmige Insel hat eine Fläche von 10 991 km^2. Von Osten nach Westen misst sie 236 km, die Distanz zwischen Nord- und Südküste beträgt maximal 82 km. Eine Reihe winziger Inseln, Cays genannt, sind der 1000 km langen Küste vorgelagert.

Bevölkerung: Auf Jamaika leben etwa 2,9 Mio. Menschen (2012). 91 % sind Schwarze afrikanischer Herkunft bzw. Mulatten, 1,3 % sind Inder, 0,2 % Weiße, 0,2 % Chinesen und 7,3 % Mischlinge.

Religion: 56 % der Bevölkerung sind Protestanten, 5,5 % Anglikaner, 4 % Katholiken und 1% Rastafari, die Übrigen gehören kleineren Religionsgemeinschaften an oder sind ohne Bekenntnis.

Verwaltung: Die Insel Jamaika ist seit 1962 eine Parlamentarische Demokratie im British Commonwealth of Nations. Die Königin von England ist, vertreten durch einen Generalgouverneur, nominell auch Staatsoberhaupt von Jamaika. Das Land ist in drei Verwaltungsbezirke, Cornwall, Middlesex und Surrey, geteilt. Diese sind in insgesamt 14 Kreise (Parishes) untergliedert.

Hauptstadt: Kingston ist Regierungssitz und mit 950 000 Einwohnern auch die größte Stadt des Landes.

Wirtschaft: Der Tourismus ist mit über 2 Mio. Besuchern jährlich der wichtigste Wirtschaftszweig Jamaikas. Er ist für mehr als die Hälfte der Deviseneinnahmen verantwortlich und trägt zur Beschäftigung von etwa 25 Prozent der jamaikanischen Bevölkerung bei. Leichtindustrie und der inzsichen stark reduzierte Abbau der Bauxit-Lager im Inneren der Insel erwirtschaften weniger als ein Drittel des Bruttosozialprodukts, sind aber weniger arbeitsintensiv. Je 18 % der Erwerbstägigen arbeiten in der Landwirtschaft und Industrie, über 60 % im Dienstleistungssektor. Im Export stehen Bauxit und Aluminium an erster Stelle, gefolgt von Zucker, Rum und Bananen. Die Arbeitslosenquote beträgt etwa 15,5 %, schätzungsweise 18 % der Jamaikaner leben unter der Armutsgrenze.

Touren

Die Ausflugsveranstalter organisieren Halb- und Ganztagestrips zu den Sehenswürdigkeiten der Insel und zahllose andere Aktivitäten. Hier eine Auswahl (s. a. *Praktische Hinweise* im Haupttext):

Caribic Vacations, 1310 Providence Drive, Ironshore Estate, bei Montego Bay, Tel. 876-953-98 95, www.caribicvacations.com. Vielfältige Touren und Jeep Trips zu den bedeutendsten Attraktionen Jamaikas und Reisen nach Kuba. Hotel-Pauschalangebote.

Chukka Caribbean Adventure Tours, Freeport Shopping Centre, Montego Bay, Tel. 876-979-85 00, http://chukka.com. Ferner: Blue Hole, Sandy Bay, Hanover, Tel. 876-953-56 19; Laughlands, St. Ann, bei Ocho Rios, Tel. 876-424-85 52. Zum Programm gehören Ocean Safaris, Kayak Touren, River Tubing mit Gummireifen auf dem Great River, Jeep oder Mountainbike Safaris, Zipline Touren (am Seilzug durch die Wipfel des Regenwaldes), Reitausflüge von den Hügeln bis zum Strand sowie Tagesausflüge mit dem *Zion Bus* zum Bob Marley Museum in Nine Mile.

JUTA Tours, 49 Lady Musgrave Road, Kingston, Tel. 876-927-4534, www.jutatoursltd.com. Weitere Agenturen in Montego Bay, Ocho Rios und Negril (s. *Praktische Hinweise* im Haupttext). Umfassendes Angebot vom Taxi-Service bis zu Tagesausflügen.

Unterkunft

Zwischen Weihnachten und Ostern ist auf Jamaika **Hochsaison**. Die Übernachtungspreise sind dann deutlich höher und viele Unterkünfte sind ausgebucht, daher sollte man unbedingt vorher reservieren.

Auf Jamaika ist die Idee der **All-inclusive-Resorts** entstanden, bei denen der Übernachtungspreis alle Nebenleistungen wie Transfer, Mahlzeiten, Getränke und Sportprogramm einschließt. Doch es geht auch einfacher: **Guesthouses** bieten einfache Zimmer ab ca. 40 US$ an. In schlichteren **Hotels** liegen die Zimmerpreis etwa bei 50–75 US$. Gute Hotels mit etwas Komfort berechnen ab 100 US$. Nach oben sind keine Grenzen gesetzt, die Luxushotels Jamaikas gehören zu den besten (und teuersten) der Welt. Die Preise gelten pro Zimmer. 18,25 % Steuern und Gebühren sind ausgewiesen als inkl. oder werden zusätzlich berechnet. Hinzu kommt eine *Guest Accommodation Room Tax* von 1–4 J$.

Komfortabel und gemütlich ist auch der Aufenthalt in einer Villa.

Jamaica Association of Villas & Apartments (JAVA), Tel. 001/773-463-6688 (Zentrale in Chicago/USA), www.villasinjamaica.com. Das Angebot umfasst etwa 300 Objekte.

Hochzeit und Honeymoon

Viele Hotels bieten Honeymoon-Pakete und *Hochzeitszeremonien* inklusive Kuchen, Sekt und Blumenbouquet. Zusätzliche Gebühren fallen für die Beantragung des Aufgebotes an. Das Hotel übernimmt die Formalitäten für das Brautpaar. Benötigt werden *Geburtsurkunde* (beglaubigte Übersetzung) und Reisepass. Detaillierte Auskünfte erteilt auch die Botschaft von Jamaika [s. S. 125]. Wer der Hochzeit von der Stange z. B. eine Zeremonie am Fuße eines Wasserfalls, im Garten einer Strandvilla oder auf der Veranda eines Great Houses vorzieht, wendet sich am besten an eine Agentur, z. B.

Wedding Planner Plus, Shop 10, Sand Castles, Main Street, Ocho Rios, Tel. 876-974-6555, www.weddingplannerplusjamaica.com. Hochzeitsservice inkl. Formalitäten, Kostümverleih, Catering, Dekoration usw.

Verkehrsmittel

Bus

Jede Stadt verfügt über ein zentrales Bus Terminal für *Minibusse*. Sie verkehren auf den Hauptrouten zwischen den Städten, fahren aber auch ins Inselinnere. Über die Fahrtziele geben die Fahrer oder Schaffner Auskunft. Bezahlt wird im Fahrzeug, die Preise sind günstig. Man sollte unter den Minibussen denjenigen wählen, der bereits relativ voll besetzt ist und folglich bald abfährt.

Flugzeug und Hubschrauber

Air Jamaica (internationale Anrufe: Tel. 001-800-523-5585, innerhalb von Jamaika: Tel. 001-888-359-2475, www.airjamaica.com) ist einer der Anbieter von Inlandsflügen von/nach Kingston und Montego Bay. Außerdem kann man Jamaika per Hubschrauber bereisen und erkunden:

Captain John's Island Hoppers Jamaican Helicopter Tours, Reynolds Pier, Ocho Rios, Tel. 876-974-1285, www.jamaicahelicopterservices.com. Auch in Montego Bay und Kingston.

Mietwagen

Internationale (Hertz, Avis, Budget) und lokale Mietwagenfirmen sind in allen größeren Orten vertreten. Für die Hinterlegung der Kaution ist eine Kreditkarte erforderlich. Der Fahrer muss älter als 25 Jahre sein und den Führerschein mindestens ein Jahr besitzen.

Taxi

Die preiswerten *Sammeltaxis* fahren auf festen Routen durch die Städte oder verkehren auch auf Kurzstrecken zwischen den Orten. Ihnen signalisiert man per Handzeichen, dass man mitfahren möchte. Lizensierte *offizielle Taxis* sind durch rote Nummernschilder mit ›PP‹ oder ›PPV‹ (Public Passenger Vehicle) gekennzeichnet. Vor der Fahrt sollte man den Preis klären, die gängigen Tarife erfährt man im Hotel.

Sprachführer

Englisch für die Reise

Das Wichtigste in Kürze

Ja/Nein	*Yes/No*
Bitte/Danke	*Please/Thank you*
In Ordnung/Einverstanden.	*All right/Agreed*
Entschuldigung!	*Excuse me!*
Wie bitte?	*Pardon?*
Ich verstehe Sie nicht.	*I don't understand you.*
Ich spreche nur wenig Englisch.	*I only speak a little English.*
Können Sie mir bitte helfen?	*Can you help me, please?*
Das gefällt mir/ Das gefällt mir nicht.	*I like that./ I don't like that.*
Ich möchte …	*I would like …*
Haben Sie …?	*Do you have …?*
Gibt es …?	*Is there …?*
Wie viel kostet das?/ Wie teuer ist …?	*How much is that?*
Kann ich mit Kreditkarte bezahlen?	*Can I pay by credit card?*
Wie viel Uhr ist es?	*What time is it?*
Guten Morgen!	*Good morning!*
Guten Tag!	*Good morning!/ Good afternoon!*
Guten Abend!	*Good evening!*
Gute Nacht!	*Good night!*
Hallo! Grüß Dich!	*Hello!/Hi!*
Wie ist Ihr Name, bitte?	*What's your name, please?*
Mein Name ist …	*My name is …*
Ich bin Deutsche(r).	*I am German.*
Ich bin aus Deutschland.	*I come from Germany.*
Wie geht es Ihnen?	*How are you?*
Auf Wiedersehen!	*Good bye!*
Tschüs!	*See you!*
gestern/heute/ morgen	*yesterday/today/ tomorrow*
am Vormittag/ am Nachmittag	*in the morning/ in the afternoon*
am Abend/ in der Nacht	*in the evening/ at night*
um 1 Uhr/ 2 Uhr …	*at one o'clock/ at two o'clock …*
um Viertel vor (nach) …	*at a quarter to (past) …*
um … Uhr 30	*at … thirty*
Minuten/Stunden	*minutes/hours*
Tage/Wochen	*days/weeks*
Monate/Jahre	*months/years*

Zahlen

0	*zero*	20	*twenty*
1	*one*	21	*twenty-one*
2	*two*	22	*twenty-two*
3	*three*	30	*thirty*
4	*four*	40	*forty*
5	*five*	50	*fifty*
6	*six*	60	*sixty*
7	*seven*	70	*seventy*
8	*eight*	80	*eighty*
9	*nine*	90	*ninety*
10	*ten*	100	*a (one) hundred*
11	*eleven*	200	*two hundred*
12	*twelve*	1 000	*a (one) thousand*
13	*thirteen*	2 000	*two thousand*
14	*fourteen*	10 000	*ten thousand*
15	*fifteen*	1 000 000	*a million*
16	*sixteen*	½	*a (one) half*
17	*seventeen*	¼	*a (one) quarter*
18	*eighteen*		
19	*nineteen*		

Wochentage

Montag	*Monday*
Dienstag	*Tuesday*
Mittwoch	*Wednesday*
Donnerstag	*Thursday*
Freitag	*Friday*
Samstag	*Saturday*
Sonntag	*Sunday*

Monate

Januar	*January*
Februar	*February*
März	*March*
April	*April*
Mai	*May*
Juni	*June*
Juli	*July*
August	*August*
September	*September*
Oktober	*October*
November	*November*
Dezember	*December*

Maße

Kilometer	*kilometre*
Meter	*metre*
Zentimeter	*centimetre*
Kilogramm	*kilogramme*
Pfund	*pound*
Gramm	*gramme*
Liter	*litre*

Unterwegs

Nord/Süd/West/Ost	*north/south/west/east*
geöffnet/geschlossen	*open/closed*
geradeaus/links/rechts/zurück	*straight on/left/right/back*
nah/weit	*near/far*
Wie weit ist es?	*How far is it?*
Wo sind die Toiletten?	*Where are the toilets/restrooms?*
Wo ist die (der) nächste … Telefonzelle/Bank/Post/Polizeistation/Geldautomat?	*Where is the nearest … telephone-box/bank/post office/police station/automatic teller?*
Wo ist … die Bushaltestelle der Flughafen die Anlegestelle?	*Where is the … bus stop airport pier, please?*
Wo finde ich ein(e, en)? Apotheke/Bäckerei/Fotogeschäft/Kaufhaus/Lebensmittelgeschäft/Markt?	*Where can I find a … pharmacy/bakery/photo shop/department store/food store/market?*
Ist das der Weg/die Straße nach …?	*Is this the way/the road to …?*
Gibt es einen anderen Weg?	*Is there another way?*
Ich möchte mit … dem (der) Taxi/Schiff/Fähre/Flugzeug nach … reisen.	*I would like to go to … by … taxi/ship/ferry/airplane.*
Gilt dieser Preis für Hin- und Rückfahrt?	*Is this the round trip fare?*
Wie lange gilt das Ticket?	*How long will the ticket be valid?*
Wo ist … das Tourismusbüro/ein Reisebüro?	*Where is … the tourist office/a travel agency?*
Ich benötige eine Hotelunterkunft.	*I need hotel accommodation.*
Wo kann ich mein Gepäck lassen?	*Where can I leave my luggage?*
Ich habe meinen Koffer verloren.	*I lost my suitcase.*

Zoll, Polizei

Ich habe etwas/nichts zu verzollen.	*I have something/nothing to declare.*
Nur persönliche Dinge.	*Only personal belongings.*
Hier ist die Kaufbescheinigung.	*Here is the receipt.*
Hier ist mein(e) … Geld/Pass/Personalausweis/Kfz-Schein/Versicherungskarte.	*Here is my … money/passport/ID card/certificate of registration/car insurance card.*
Ich fahre nach … und bleibe … Tage/Wochen.	*I'm going to … to stay there for … days/weeks.*
Ich möchte eine Anzeige erstatten.	*I would like to press charges.*
Man hat mein(e, en)… Geld/Tasche/Papiere/Schlüssel/Fotoapparat/Koffer/Fahrrad gestohlen.	*Someone stole my … money/bag/papers/keys/camera/suitcase/bicycle.*
Verständigen Sie bitte das/die Deutsche Konsulat/Botschaft.	*Please contact the German consulate/embassy.*

Freizeit

Ich möchte ein … Fahrrad/Motorrad/Surfbrett/Mountainbike/Boot … mieten.	*I would like to rent a … bicycle/motorcycle/surf board/mountain bike/boat.*
Gibt es ein(en) Freizeitpark/Freibad/Golfplatz/Strand … in der Nähe?	*Is there a … theme park/outdoor swimming pool/golf course/beach … in the area?*
Wann hat … geöffnet?	*What are the opening hours of …?*

Bank, Post, Telefon

Ich möchte Geld wechseln.	*I would like to change money.*
Brauchen Sie meinen Ausweis?	*Do you need my passport/ID?*
Wo soll ich unterschreiben?	*Where should I sign?*
Ich möchte eine Telefonverbindung nach …	*I would like to have a telephone connection with …*
Wie lautet die Vorwahl für …?	*What is the area code for …?*
Wo kann ich Telefonkarten/Briefmarken kaufen?	*Where can I buy … phone cards/stamps?*

Tankstelle

Wo ist die nächste Tankstelle?	*Where is the nearest gas station?*
Ich möchte … Liter … Benzin/Diesel.	*I would like … litres of gas 87 octane/ 90 octane/diesel.*
Volltanken, bitte.	*Fill it up, please.*
Bitte, prüfen Sie … den Reifendruck/ den Ölstand/ den Wasserstand/ das Wasser für die Scheibenwischanlage/ die Batterie.	*Please check the … tire pressure/ oil level/ water level/ water in the windscreen wiper system/ battery.*
Würden Sie bitte … den Ölwechsel/ den Radwechsel vornehmen/	*Would you please … change the oil/ change the tires/*
die Sicherung austauschen/	*change the fuse/*
die Zündkerzen erneuern/ die Zündung nachstellen?	*replace the spark plugs/ adjust the ignition?*

Panne

Ich habe eine Panne.	*My car's broken down.*
Der Motor startet nicht.	*The engine won't start.*
Ich habe die Schlüssel im Wagen gelassen.	*I left the keys in the car.*
Ich habe kein Benzin/ Diesel.	*I've run out of gas/ diesel.*
Gibt es hier in der Nähe eine Werkstatt?	*Is there a car repair shop nearby?*
Können Sie mein Auto abschleppen?	*Could you tow my car?*
Können Sie mir einen Abschleppwagen schicken?	*Could you send a tow truck?*
Können Sie den Wagen reparieren?	*Could you repair my car?*
Bis wann?	*By when?*

Mietwagen

Ich möchte ein Auto mieten.	*I would like to rent a car.*
Was kostet die Miete … pro Tag/ pro Woche/ mit unbegrenzter(n) km-Zahl/Meilen mit Kasko-versicherung/ mit Kaution?	*How much is the rent … per day/ per week/ including unlimited kilometres/miles including comprehensive insurance/ with deposit?*
Wo kann ich den Wagen zurückgeben?	*Where can I return the car?*

Unfall

Hilfe!	*Help!*
Achtung!/Vorsicht!	*Attention!/Caution!*
Rufen Sie bitte schnell … einen Krankenwagen/ die Polizei/ die Feuerwehr.	*This is an emergency, please call … the ambulance/ the police/ the fire department.*
Es war (nicht) meine Schuld.	*It was (not) my fault.*
Geben Sie mir bitte Ihren Namen und Ihre Adresse.	*Please give me your name and address.*
Ich brauche die Angaben zu Ihrer Autoversicherung.	*I need the details of your car insurance.*

Krankheit

Können Sie mir einen guten Deutsch sprechenden Arzt/ Zahnarzt empfehlen?	*Can you recommend a good German-speaking doctor/ dentist?*
Wann hat er Sprechstunde?	*What are his office hours?*
Wo ist die nächste Apotheke?	*Where is the nearest pharmacy?*
Ich brauche ein Mittel gegen … Durchfall/ Halsschmerzen/ Fieber/ Insektenstiche/ Verstopfung/ Zahnschmerzen.	*I need medication for … diarrhea/ a sore throat/ fever/ insect bites/ constipation/ toothache.*

Hotel

Können Sie mir bitte ein Hotel/eine Pension empfehlen?	*Could you please recommend a hotel/ Bed & Breakfast?*
Ich habe bei Ihnen ein Zimmer reserviert.	*I booked a room with you.*
Haben Sie ein … Einzel-/Doppelzimmer … mit Dusche/ Bad/WC? für eine Nacht/ für eine Woche?	*Do you have a … single/double room … with shower/ bath/bathroom? for a night/ for a week?*
Was kostet das Zimmer mit Frühstück/ mit zwei Mahlzeiten?	*How much is the room with breakfast/ with two meals?*

Wie lange gibt es Frühstück?	*How long will breakfast be served?*
Ich möchte um ... geweckt werden.	*Please wake me up at ...*
Wie ist hier die Stromspannung?	*What is the power voltage here?*
Ich reise heute abend/ morgen früh ab.	*I will depart tonight/ tomorrow morning.*
Haben Sie ein Faxgerät/ einen Internetzugang/ einen Hotelsafe?	*Do you have a fax machine/ internet access/ a hotel safe?*

Restaurant

Wo gibt es ein gutes/ günstiges Restaurant?	*Where is a good/ inexpensive restaurant?*
Die Speisekarte/ Getränkekarte, bitte.	*The menu/ the wine list, please.*
Ich möchte das Tagesgericht/Menü (zu ...)	*I like the dish of the day (at ...).*
Welches Gericht können Sie besonders empfehlen?	*Which of the dishes can you recommend?*
Ich möchte nur eine Kleinigkeit essen.	*I only want a snack.*
Gibt es vegetarische Gerichte?	*Are there vegetarian dishes?*
Haben Sie offenen Wein?	*Do you serve wine by the glass?*
Welche alkoholfreien Getränke haben Sie?	*What kind of soft drinks do you have?*
Haben Sie Mineralwasser mit Kohlensäure/ ohne Kohlensäure?	*Do you have mineral water/ sparkling water/ noncarbonated water?*
Das Steak bitte ... englisch/medium/ durchgebraten.	*The steak ... rare/medium/ well-done, please.*
Kann ich bitte ... ein Messer/ eine Gabel/ einen Löffel haben?	*May I have ... a knife/ a fork/ a spoon, please?*
Darf man rauchen?	*Is smoking allowed?*
Die Rechnung, bitte.	*May I have the bill, please?*

Essen und Trinken

Abendessen	*dinner*
Ananas	*pineapple*
Bier	*beer*
Blätterteigtasche	*patty*
Brot/Brötchen	*bread/rolls*
Brotfrucht	*breadfruit*
Butter	*butter*
Cassava-Fladen	*bammy*
Ei	*egg*
Eier mit Speck	*bacon and eggs*
Eiscreme	*ice-cream*
Essig	*vinegar*
Fisch (gebraten/gegrillt/mariniert)	*fish (fried/grilled/ escoveitched)*
Fischsuppe	*fish tea*
Fleisch (gegrilltetes Fleisch)	*meat (jerk meat)*
Fleischsoße	*gravy*
Frühstück	*breakfast*
Gebäck	*pastries*
Geflügel	*poultry*
Gemüse	*vegetable*
Gurke	*cucumber*
Honig	*honey*
Huhn	*chicken*
Hummer	*lobster*
Kaffee	*coffee*
Kalbfleisch	*veal*
Kartoffeln	*potatoes*
Kartoffelbrei	*mashed potatoes*
Käse	*cheese*
Kochbanane	*plantain*
Kohl	*cabbage*
Kokosnuss (grüne)	*coconut (jelly coconut)*
Kuchen	*cake*
Lachs	*salmon*
Leber	*liver*
Maiskolben	*corn-on-the-cob*
Marmelade	*jam*
Mittagessen	*lunch*
Meeresfrüchte	*seafood*
Meeresschnecke	*conch*
Milch	*milk*
Obst	*fruits*
Öl	*oil*
Pfannkuchen	*pancakes*
Pfeffer	*pepper*
Pilze	*mushrooms*
Pommes frites	*chips/french fries*
Reis mit Bohnen	*rice and peas*
Rindfleisch	*beef*
Rühreier	*scrambled eggs*
Sahne	*cream*
Salat	*salad*
Salz	*salt*
Schinken	*ham*
Schweinefleisch	*pork*
Sekt	*sparkling wine*
Speck	*bacon*
Stockfisch	*saltfish*
Suppe	*soup*
Thunfisch	*tuna*
vegetarisches Essen	*Ital food*
Wein (Weiß/Rot/Rosé)	*wine (white/red/rosé)*
Würstchen	*sausages*
Yamswurzel	*yam*
Zucker	*sugar*
Zwiebeln	*onions*
Zicklein in Curry	*curried goat*

Register

L

M

N

O

P

Q

R

Impressum

Herausgeber: GRÄFE UND UNZER VERLAG GmbH, München
Redaktionsleitung: Benjamin Happel
Autor: Alexander Jürgens
Verlagsredaktion: Gernot Schnedlitz, Katja Tegler, Nora Köpp
Lektorat: Intermag Publishing GmbH, München
Bildredaktion: Gräfe und Unzer, Intermag Publishing
Satz: Intermag Publishing
Karten (Umschlag): ADAC e.V., München
Karten (Innenteil): Computerkartographie Carrle, München
Herstellung: Mendy Willerich
Druck: Drukarnia Dimograf Sp z o.o. (Polen)

Ansprechpartner für den Anzeigenverkauf:
KV Kommunalverlag GmbH & Co. KG,
MediaCenter München, Tel. 089/92 80 96 44

ISBN 978-3-95689-971-3

2., unveränderte Nachauflage 2017

Bildnachweis

Titel: Fischer am Boston Beach bei Port Antonio
Foto: Bildagentur Huber (Kremer Susanne)

Rücktitel: links: **Bildagentur Huber** (Reinhard Schmid); rechts: **laif** (Jean-Pierre Degas/hemis.fr)

AKG: 13, 14.2 – **dpa picture alliance:** 94 (Barria) – **Rainer Hackenberg:** 5.1, 9.1, 24.2, 31, 35, 36/37, 41.2, 44.1, 57, 83, 84.1, 86, 96.1, 100, 102/103, 107.1, 109, 110, 111, 114, 123.1 – **Bildagentur Huber:** 30.2, 52 (Kornblum) – **Interfoto:** 84/85 (Danita Delimont/Nik Wheeler) – **Jamaica Tourist Board:** 80.2 (Hakansson) – **Holger Leue:** 62.2 – **laif:** 2.3, 3.1, 8.2, 10.2, 10/11, 45, 50.2, 54.1, 54.2, 56, 60/61, 63, 103.2, 108, 121 (Heeb), 23.1, 30.1, 34.2, 58, 67, 71.1, 72, 91/92, 95 (Sasse), 120 (Martin/Le Figaro) – **LOOK:** 4.2 (Wh. von 65), 16/17, 38 (Franz Marc Frei), 65 (Holger Leue), 99.1, 112.2, 118/119 (travelstock44) – **Okapia:** 11.2 – **Martin Sasse:** 6, 6/7, 21.1, 21.2, 23.2, 24/25, 24.2, 26, 27, 28, 29, 32, 37.2, 40, 41.1, 43, 49, 53.1, 53.2, 62.1, 68.2, 79.2, 82, 85.1, 87.1, 87.2, 88, 89.1, 89.2, 91, 93.2, 96.2, 98, 99.2, 101.1, 101.2, 105, 106, 107.2, 116.2, 122, 123.2, 129, 130 – **Mauritius Images:** 118.1 (Alamy) – **Julian Schmidt/Reggaephotos.de:** 9.2, 51, 78, 115, 132 – **Schapowalow:** 64.2 (Huber), 75 (Reinhard Schmid) – **Shutterstock:** 2.4 (Przemyslaw Skibinski) – **Martin Thomas:** 5.2 – **Ullstein Bilderdienst:** 14.1, 15.1, 19 (Sean Sprague), 59, 76 – **Dagmar Walden:** 2.2, 4.4, 7.1, 8.1, 11.3, 34.1, 42, 44.2, 46, 48, 50.1, 68.1, 71.2, 73, 77, 79, 80, 112.1, 116/117

GRÄFE UND UNZER

Ein Unternehmen der
GANSKE VERLAGSGRUPPE

ADAC
ADAC Wanderführer
SÜDTIROL
WANDERN MIT KINDERN
30 ERLEBNISTOUREN
REGENWETTERTIPPS
SPIELIDEEN
SPANNENDE GESCHICHTEN
NEU: Inkl. Gratis-Tour-App mit Karte & GPS
30 Touren – garantiert ohne Langeweile!
Foto: © photophonie - Fotolia.com